FA DIÈZE,

ROMAN,

Par Alphonse Karr,

AUTEUR DE SOUS LES TILLEULS, ET D'UNE HEURE TROP TARD.

A LA LIBRAIRIE D'ABEL LEDOUX,
95, RUE DE RICHELIEU.

PARIS, M DCCC XXXIV.

FA DIÈZE.

2555.

PARIS, IMPRIMERIE D'ÉVERAT,
Rue du Cadran, n° 16.

FA DIÈZE,

ROMAN,

PAR

ALPHONSE KARR,

Auteur de Sous les Tilleuls et d'Une heure trop tard.

A LA LIBRAIRIE D'ABEL LEDOUX,
95, RUE DE RICHELIEU.

PARIS. M DCCC XXXIV.

A Madame ***,

Née Camille S***,

A Madame ***, née Camille Serv***.

Il n'est pas, Madame, que vous n'ayez gardé quelque souvenir de *Stephen*, ou du moins j'espère n'avoir pas besoin de vous rappeler le nom sous lequel vous l'avez connu.

Je ne sais si vous avez eu la curiosité ou le loisir, en l'état d'heureuse tranquillité où vous passez doucement votre vie, de lire un livre (*Sous les Tilleuls*) où j'ai retracé quelques-unes de ses souffrances; quoique j'aie eu le soin de vous envoyer le premier exemplaire que j'aie pu m'en procurer, pensant, peut-être à tort, qu'il serait de quelque intérêt pour vous de retrouver en ce récit des personnages ou des faits que vous avez autrefois connus.

Car, outre *Stephen*, vous savez aussi qui est *Magdeleine*; vous connaissez et vous aimez d'une tendre affection le bon *M. Muller*, et aussi cette *Suzanne, si blanche et si jolie*, comme je l'ai entendue désigner à vous-même, et le *frère Eugène, le soldat*.

Je ne sais si vous vous rappelez aussi l'allée *des tilleuls*, aujourd'hui presque entièrement détruite, comme j'ai eu le chagrin de le voir dans un des derniers pélerinages que j'y ai faits.

Pardonnez-moi, Madame, de vous rappeler ces souvenirs sans savoir le degré d'intérêt qu'ils peuvent avoir conservé pour vous.

Quelques-uns, à la lecture de *Sous les Tilleuls*, publié pour la première fois il y a deux ans, ont soupçonné que je connaissais les personnages. Mieux que personne, Madame, vous pouvez apprécier la réalité de ce soupçon. Vous savez si *Stephen* a aimé *Magdeleine*; si *Magdeleine* lui avait fait, *sous les tilleuls*, des promesses solennelles; si *Stephen*, pauvre, et n'ayant dans la vie qu'un seul but, celui de pouvoir offrir à *Magdeleine* une existence calme et paisible, repoussé de toutes parts, mais retrouvant du courage et de la force dans un regard, dans un mot tracé au crayon, s'épuisait en efforts infructueux; et, pour voir *Magdeleine* de loin, consacrait à payer sa place au théâtre le peu d'argent destiné à sa nourriture, et le soir s'endormait à jeun, heureux de l'avoir vue, heureux de souffrir pour elle.

Vous pourriez dire aussi d'autres choses qui ne sont pas dans le livre. *Stephen* avait une mère pauvre; il la prit avec lui, et, pour vivre à moins de frais, se retira avec elle dans une campagne aride. Là, il fut obligé de se livrer à de pénibles occupations, ne dormant que trois heures chaque nuit. Hâve, défiguré, exténué, forcé de se blesser avec un canif pour vaincre le sommeil qui l'accablait au milieu de ses travaux, il prenait encore sur ses trois heures de sommeil pour aller, à une assez grande distance, voir de loin le reflet pâle de la veilleuse qui brillait dans la chambre où *Magdeleine* dormait fraîche et calme. C'est alors qu'on dit à *Magdeleine* que *Stephen* vivait à la campagne avec *une femme* qui *portait son nom*. C'est ainsi que l'on fit une action coupable d'une bonne action. *Magdeleine* le crut, et c'est une des raisons qui la décidèrent à l'abandonner sans lui dire même adieu.

Un jour, *Stephen*, par son travail, se trouva dans une position honorable dans les lettres. Il partit à cheval pour faire part de cette bonne nouvelle à une tante de *Magdeleine*. En route, son cheval se renversa sur lui; *Stephen*, brisé, remonta à cheval, fit *cinq lieues*, et arriva à V....rs. Là il apprit que *Magdeleine* était mariée.

Alors il forma des projets de vengeance; mais, soit qu'il s'efforçât de trouver des excuses à la femme qu'il avait tant aimée; soit qu'il eût, avec l'amour de *Magdeleine*, perdu la force et l'énergie de son ame, il y renonça

C'est alors que j'écrivis *Sous les Tilleuls*, où je racontais simplement ce qui était arrivé; seulement je donnais à *Stephen* une énergie qu'il n'a plus aujourd'hui. Le livre fut envoyé à *Magdeleine*.

J'aurais cru qu'elle écrirait à *Stephen* : —Tes souffrances sont horribles! pardonne-moi! *Stephen* eût été si heureux de pardonner! Mais, seule peut-être, *Magdeleine* lut le livre sans émotion.

Cependant, soit amour, soit faiblesse et lâcheté, *Stephen* lui écrivit. Il implorait son amitié, il ne demandait que de la voir, d'assister à son bonheur. Il n'obtint qu'un silence insultant.

N'est-ce pas, Madame, cette femme-là n'a pas d'ame?

Depuis ce temps, *Stephen* fait pitié. Il s'est d'abord jeté dans d'étranges folies. Froid et calme, il a eu plus de maîtresses qu'aucun homme de son âge, il n'a trouvé que dégoût et désespoir. Entre ces femmes, quelques-unes l'ont aimé, il n'avait pas d'amour à leur donner; il les a rendues presque aussi malheureuses que lui.

Enfin, il a renoncé à l'amour; il ne peut

ni aimer ni être aimé. Les femmes les plus méprisables sont les seules qu'il recherche quelquefois. Il vit renfermé, seul avec un portrait et des lettres, sans crainte, sans désirs, sans force.

Sa profession lui offre des satisfactions d'amour-propre. Ardent, énergique, sensible comme il l'était, il pouvait prétendre à la fortune, à la gloire...

Mais l'or est désirable quand il peut servir à parer la femme que l'on aime, à étendre de riches tapis sous ses pieds que blesserait le contact de la terre, à répandre autour d'elle des parfums moins suaves que son haleine.

La gloire est désirable quand le poète peut placer sur la tête de la femme qu'il aime les couronnes qui tombent sur la sienne; quand les louanges que l'on fait de lui arrivent en douce harmonie aux oreilles de son idole.

Mais pour le poète sans amour, pour celui dont l'ame a été brisée par les tortures d'un amour trahi, l'or n'est rien que l'or, un métal comme le fer ou le plomb; la louange n'est qu'un fade encens qui fatigue la tête ; les couronnes de fleurs sont des couronnes d'épines qui couvrent sa face pâle de sang et de sueur.

Et d'ailleurs il n'est plus ce que la nature l'avait fait. *Stephen* aurait peut-être entrepris de grandes choses; il n'est et ne sera qu'un homme ordinaire : il n'a plus d'ame.

Que pensez-vous de *Magdeleine*, Madame, de *Magdeleine* qui vit heureuse tandis que *Stephen* meurt? Êtes-vous de ces gens qui n'appellent crime que ce qui ressort immédiatement de la cour d'assises?... Ne trouvez-vous pas *Magdeleine* criminelle?

Dites-moi, et je tiens à votre opinion sur ce sujet, si vous étiez *Magdeleine*, si j'étais *Stephen*, permettez un moment cette supposition, et qu'il me revînt quelque étincelle d'énergie, ferais-je bien mal de me venger? ou, si je restais écrasé ou anéanti, n'aurais-je pas le droit de ne conserver pour vous d'autre sentiment que le plus froid mépris?

Eh bien ! non. Si vous étiez *Magdeleine*, si j'étais *Stephen*, voici ce que je vous dirais : — « Vous avez cru pouvoir prendre mon amour et le rejeter à votre caprice comme un jouet qu'un enfant brise quand on lui en offre un autre.

Vous vous êtes trompée.

Je suis a vous ;

Vous êtes a moi !

Et cela pour toute notre vie à tous les deux.

Vous êtes à moi, car je vous ai achetée par huit ans d'amour et d'angoisses, par tout une vie de découragement.

Je suis à vous, car sur vous sont toutes mes croyances, tout mon amour, toute ma vie, et il ne me reste rien que je puisse donner à une autre femme en échange de mon amour. Il n'y a pas un mot d'amour que je ne vous aie dit et que j'ose dire à une autre, tant je crains de le profaner.... Il n'y a pas une sensation à laquelle vous soyez étrangère et que je puisse séparer de votre souvenir... Pas un coucher du soleil, pas une aurore, quelques teintes, quelques formes que prennent les nuages, que je ne me souvienne avoir contemplés en songeant à vous. La mousse des bois, nous avons marché dessus ensemble ; les fleurs d'églantier, ensemble le soir nous les avons respirées ; l'aubépine des haies, je l'ai enlacée dans vos cheveux ; les liserons, il y en avait dans le jardin *des tilleuls ;* l'ombre et le silence des bois, je les ai tant désirés pour cacher notre vie qui devait être si heureuse ! le vent, je l'ai vu souffler dans vos cheveux ; la rivière, j'ai disparu sous l'eau en prononçant votre nom, entraîné par un homme que j'ai sauvé pour que vous puissiez être fière de moi ; la mer, j'ai écrit nos deux noms sur son sable si fin ; la musique, il y a des airs que je vous ai entendu chanter, d'autres que je chantais moi-même quand vous m'aimiez.

Vous le voyez, vous avez tout pris ; la vie n'a plus rien pour moi qui ne soit à vous.

Moi-même je suis tout en vous : donc, *rien* ne nous séparera. Vous êtes à moi, triste ou heureuse, pensant à moi ou m'oubliant dans les bras d'un autre.

Tout ce qui est en vous, tout ce qui est de vous m'appartient ; ce qu'on en prend, on me le vole : je le réclamerai hautement.

Vos larmes, vos sourires, vos caresses,

tout est à moi ; et ne croyez pas que je me laisse arrêter *par des considérations sociales ni par le blâme !* Mon amour était plus grand que tout cela.

Vous m'avez tué ! mais mon cadavre, mon ombre, car je ne suis plus qu'un cadavre et une ombre, vivront avec vous de votre vie, puisque je n'en ai plus à moi dont je puisse vivre. Si vous êtes triste dans des nuits sans sommeil, je veux pleurer avec vous ; si vous êtes heureuse au milieu des fêtes, je couronnerai de fleurs mon front pâle et j'assisterai à vos fêtes. Je souffrirai de votre mal, je serai heureux de votre joie, puisqu'il n'y a plus pour moi ni joie ni douleur personnelles.

Vous êtes à moi, et mes lèvres froides reprendront jusque sur les lèvres roses de cet enfant, qui devait être à vous et à moi, les baisers que vous lui donnez et qui m'appartiennent.

Je suis à vous, et *votre nom sera en tête de tous mes ouvrages,* bons ou mauvais, loués ou blâmés, comme il a été au fond de toutes mes actions, de tous mes désirs, de toutes mes craintes, quand j'avais des désirs et des craintes, quand j'avais la force d'agir. »

Voilà ce que je vous dirais, Madame, si vous étiez *Magdeleine*, si j'étais *Stephen*.

J'ai l'honneur d'être,

MADAME,

Votre très-humble et très-obéissant serviteur,

Alphonse Karr.

FA DIÈZE.

La première moitié de la vie se passe à désirer la seconde, la seconde à regretter la première.

I.

Il y avait dans la petite ville d'Ober-We-sel, sur les bords du Rhin, un homme rai-sonnablement riche, nommé Conrad Krum-pholtz; il avait à peu près trente ans et en paraissait bien cinquante, non que sa vie eût été en proie à de violentes secousses, à de vives agitations; mais il s'était beaucoup ennuyé, et chaque jour il s'ennuyait davantage.

Au moment où nous commençons cette histoire, il n'y avait pas encore une semaine que le baron Conrad était possesseur du petit château d'Ober-Wesel : nous allons dire aussi brièvement qu'il nous sera possible ce qui avait amené le baron dans le voisinage rocailleux et désert du rocher de Loreley.

Le baron, né d'une famille pauvre, longtemps pauvre lui-même, par des chances favorables et peut-être aussi par des talens supérieurs qu'on lui accordait presque généralement, était parvenu à une grande faveur à la cour du prince de ***, à une réputation distinguée dans la diplomatie, et à une fortune que l'avenir ne pouvait qu'accroître encore.

Un jour, c'était au mois de mars, une femme envoya à Conrad une bourse brodée

de sa main, en commémoration de son jour
de naissance. Conrad crut devoir reconnaître cette attention en envoyant à la belle brodeuse une parure de rubis, dont par hasard elle avait, devant lui, à quelques jours de là, loué la beauté et la monture; mais l'orfévre avait vendu cette parure et ne put qu'en donner une à peu près semblable, aussi ne fut-on qu'à peu près satisfaite, de quoi Conrad fut tout-à-fait de mauvaise humeur.

II.

Or, ce jour-là le temps était sombre, Athanase avait laissé brûler le chocolat, et le baron avait la migraine.

Il était dans cette situation physique et morale où l'on est mal sans avoir de douleur déterminée, où l'on souffre vaguement des souffrances lourdes et intolérables auxquelles il est impossible de donner un nom, où l'on est en proie à un ennemi d'autant plus invincible qu'il n'y a aucun moyen de le saisir corps à corps : ces jours-là on donnerait dix ans de sa vie pour avoir un réel sujet de tristesse, tant est pénible cet ennui qui pèse sur l'esprit et sur l'ame, comme l'été, sur le corps, un nuage surchargé d'électricité. Certes c'eût été de la part d'Athanase un vrai service à rendre à son maître que de lui donner un prétexte suffisant, et Conrad n'eût pas été difficile de le jeter pas la fenêtre, s'il était vrai qu'on puisse jeter un homme par les fenêtres, sans qu'il y mette la plus grande complaisance.

Le baron repassa dans sa tête par quels moyens il pourrait échapper à cette horrible maladie; tout lui parut fade et écœurant; d'ailleurs, il avait tout fait cinquante fois : il ne trouva rien de mieux, pour tuer le temps, que de s'emporter contre la femme à laquelle il avait envoyé les rubis. De là à médire des femmes en général il n'y avait qu'un pas ; le baron en fit deux, il les calomnia.—Der teüfel ! dit-il, c'est prodigieux de compter combien de mes jours j'ai gaspillés pour les femmes !

Puis quand il eut bien regretté le temps qu'il avait ainsi *perdu*, il vint à penser que c'était encore la meilleure manière de l'employer, et que le temps *perdu* était peut-être celui qu'il avait consumé autrement.

Le baron qui avait constamment tenu sa jambe droite croisée sur sa jambe gauche, intervertit subitement cet ordre, rapprocha son fauteuil de sa cheminée, rétablit un peu l'architecture du feu ;

Comme fait un homme qui, trouvant par hasard une idée qui lui plaît et lui apporte de l'intérêt, se met à son aise pour s'y livrer complétement.—Et à dire le vrai, ajouta-t-il, s'il est quelques momens heureux dans ma vie, c'est aux femmes que je les dois.

Il sonna Athanase, et se fit apporter de grands cartons poudreux dont la modeste couverture contrastait singulièrement avec le riche ameublement du cabinet. Quand il fut seul : — Je gage, se dit-il, que dans toute ma vie je n'ai pas eu à traverser une journée comme celle-ci. Il feuilleta les cahiers, et, parmi des pages plus ou moins griffonnées, chercha, de cahier en cahier, les dates correspondantes à celle où il se trouvait.

15 mars.

Ce matin en courant, j'ai fait une chute si violente que je boite un peu et que mon pantalon vert en a été déchiré. A cette nouvelle ma mère s'est écriée : — *Ton pantalon neuf!*

Une chanson que j'ai faite sur un professeur, m'a fait donner un énorme pensum, de sorte que je serai en retenue pour jeudi. Quand sortirai-je donc des bancs! encore une longue année pour finir cette maudite rhétorique, sans compter que jeudi nous devions goûter avec du bon Kus-flaten.

Le baron sourit et prit un autre cahier.

15 Mars.

Rien.

Il prit un autre cahier.

15 mars.

Pour mon jour de naissance ma jolie Blanche m'a donné la première pâquerette éclose de l'année; comme le soir je la regardais en pensant à Blanche, comme il me semblait s'exhaler de cette fleur à moitié sèche l'odeur de son haleine, M. Bernhard m'a demandé assez brusquement ce que je tenais là. Je me suis senti rougir, j'ai caché mon trésor et je n'ai rien répondu. Je ne sais à quoi M. Bernhard attribuera mon embarras; mais ce que je sais bien, c'est que ni lui ni personne n'en sauront jamais la cause. J'aimerais mieux cent fois perdre la place qui me fait vivre que d'exposer Blanche à une seule pensée impertinente; j'étoufferais de mes mains celui auquel je soupçonnerais une semblable pensée au plus profond du cœur.

— Ouf! dit en souriant le baron, j'étais un véritable chevalier errant, et je ne crois pas que jamais aucun ait été aussi chatouilleux sur l'honneur *des dames*.

Mais cette phrase, commencée avec un sourire, il la finit seulement des lèvres; ses idées avaient pris un autre cours, et il laissa échapper un long soupir. Puis il prit un autre cahier.

15 mars.

Je suis fort perplexe; mon tailleur ne

veut plus m'habiller à crédit, et je dois aller jeudi au bal chez l'ambassadeur de France...

Conrad laissa tomber le livre, prit les pincettes et arrangea le feu qui n'en avait nul besoin, comme pour se nier à lui-même qu'il fût aussi absorbé par la lecture de ces notes, écrites à une époque bien effacée.

— J'étais, se dit-il, plus heureux de cette pâquerette, que ne l'a été de mes rubis cette sotte créature.

En feuilletant ces cahiers, il me semble encore sentir les abricotiers en fleurs de la maison de Blanche.

Et cette petite Blanche! mon cœur bat à ce nom, cette lecture me rend ma vie d'alors; je sens une impatience comme si j'avais encore vingt ans et que Blanche m'attendît.

Il resta quelques instans le front appuyé sur le marbre de la cheminée; puis, pour secouer les souvenirs doux et mélancoliques qui l'oppressaient, il se leva brusquement, sonna, et dit :

— Athanase, les chevaux dans dix minutes !

III.

Comme il faut plus de dix minutes pour mettre deux chevaux à une voiture, surtout quand personne n'est averti, Conrad eut le plaisir de se mettre un peu en colère contre Athanase, contre son cocher, contre ses chevaux.

Quand tout fut prêt, il descendit; mais lorsque Athanase, en refermant la portière, lui demanda où il allait, le baron le regarda avec étonnement, hésita; puis brusquement :

—Nulle part, dit-il, on peut dételer ; je ne sortirai pas, et je n'y suis pour personne.

Il remonta dans son cabinet, jeta lui-même du bois au feu, remit sa robe de chambre et reprit les cahiers de notes, sur lesquels depuis bien long-temps il ne lui était pas arrivé de jeter les yeux.

IV.

Notes.

15 juin.

Ma mère hier a voulu m'obliger à mettre une cravate et à lui donner le bras aujourd'hui pour l'accompagner, avec deux femmes de ses amies, dans une promenade *au*

Vieux-Château. J'aime beaucoup aller *au Vieux-Château;* je ne sais rien dans Rüdesheim qui me paraisse aussi beau ; de la plate-forme, couverte de rosiers en fleurs, on jouit d'une vue immense; le Rhin et ses rives vertes, et ses coteaux couverts de pampre, et ses rochers arides.

C'est un spectacle auquel je suis accoutumé depuis mon enfance, et je ne m'en lasse jamais.

Néanmoins je ne veux pas être de cette promenade ; c'est aujourd'hui dimanche, il y aura beaucoup de monde. Je ne suis ni aussi bien vêtu, ni aussi bien arrangé que tous les jeunes gens qui s'y promènent; toutes les femmes semblent chercher leurs regards. Il n'y en a pas un pour qui ces femmes ne veuillent être belle, pas un auquel une femme n'ait pensé ce matin en arrangeant ses cheveux, en choisissant sa parure.

Moi seul je suis étranger au milieu de ce monde ; aucune ne cherche, aucune n'évite mes yeux. Il n'y en a pas une qui s'inquiète de la couleur qui me plaît ; et parmi ces jeunes filles dont les cheveux sont aplatis en bandeau, pas une seule ne sait combien cette coiffure ajoute pour moi de charmes prestigieux à sa figure ; et si elles le savaient, il n'y en a pas une qui demain se coifferait de la même manière.

Je n'irai pas au *Vieux-Château ;* mais c'est dans deux heures que l'on doit partir, il faut m'esquiver.

Où irai-je? La solitude seule plaît à mon esprit chagrin, à mon cœur blessé.

Blessé! de quoi? Où est mon mal?

Je ne sais ; mais je souffre. Je suis irrité contre tout. Dans cette belle saison, tout est paré et riant ; les forêts sont vertes et sombres, les taillis sont pleins de genêts ; sur les rives des fleuves, les iris balancent leurs fleurs jaunes, l'alcyon vole droit et rapide comme une flèche d'une rive à l'autre, pour cacher dans le feuillage bleu des saules son brillant plumage qui le trahit.

Moi seul je suis triste ; le soleil brûle mon front sans réjouir mon ame ; au milieu de cet air de fête, j'ai envie de pleurer, je me sens en colère contre tout le monde.

Je n'irai pas au *Vieux-Château*.

J'irai seul errer sur les bords du Rhin, jusqu'au soir, jusqu'à ce que la nuit ait enveloppé Rüdesheim.

16.
===

Comme le soleil était beau hier à son couchant ! comme tout était silencieux et mélancolique ! mais cette tristesse même n'était pas en harmonie avec celle de mon cœur. Je suis toujours fâcheux aux autres et à moi, comme une discordance, comme une fausse note au milieu d'une harmonie.

La nature était muette ; les petites lames que le fleuve roule au sable de ses rives semblaient avoir diminué leur murmure ; le vent ne faisait plus frissonner les feuilles.

La nature, quand le soleil descendait, semblait une femme qui s'assoupit avec un triste sourire sur les lèvres, parce qu'elle quitte un amant chéri, mais qu'elle est sûre de revoir le lendemain, aussi beau, aussi tendre. C'est de la tristesse, mais un moment de tristesse entre un souvenir et une espérance. Par la malédiction du ciel ! ce n'est pas là la nature de mon chagrin.

Quand la pointe de la plus haute roche a eu perdu le dernier reflet du soleil, je m'en suis allé, je suis revenu par le Vieux-Château. L'air tiède était doucement rafraîchi par un petit vent d'est qui se levait.

Là, l'herbe encore couchée avait gardé l'empreinte des pieds des femmes qui s'y étaient promenées tout le jour. Il me semblait que dans l'air il était resté quelque chose d'elles, je respirais avec ivresse cet air qui avait joué dans leurs cheveux et dans la gaze de leurs écharpes. J'avais la tête en feu; je me suis couché sur l'herbe et je me suis mis à pleurer... Quand je suis rentré, ma mère m'a fort injurié. Ce qui m'a exaspéré, ce ne sont pas ses mauvais traitemens, j'y suis accoutumé; le bruit de ses paroles ne me fait pas plus d'impression d'ordinaire que le bruit monotone du balancier de l'horloge; mais hier sa voix dérangeait une douce mélodie que j'entendais au dedans de moi. J'avais, sur l'herbe, ramassé un bouquet de bluets, je l'avais caché comme une trouvaille précieuse et j'avais l'esprit tout occupé de celle qui l'avait perdu.

Quelle étrange folie! mes émotions du soir, le mystique silence de la nuit, y entraient pour beaucoup... Aujourd'hui tout est passé.

Qui sait?

19.

A coup sûr, cette femme est blonde; une femme brune ne porterait pas un bouquet bleu.

20.

J'ai mal dormi. J'ai vu dans un rêve une jeune fille avec une couronne de bluets sur la tête. Quand je me suis réveillé, j'ai senti cette triste impression que cause, par les beaux jours d'hiver, un nuage qui passe et voile le soleil. J'ai refermé les yeux, mais sans pouvoir me rendormir ni retrouver cette touchante figure.

21.

Ma mère, hier soir, quand je suis rentré, m'a dit d'un ton sec et impérieux : — Je ne veux pas que vous sortiez la nuit, ni dans les rues ni dans la campagne.

Pourquoi donc me priver de ma liberté! c'est mon seul bien. En a-t-elle le droit?

Non, non, je veux être libre comme le vent. Si je puis me faire un métier qui me fasse gagner ma vie, je la quitterai.

Si ma mère a jamais paru m'aimer, c'était par un principe de vanité personnelle, à cause de mes succès à l'Université.

En effet, quand, il y a un an, j'ai été expulsé pour ma querelle avec ce pédant, au lieu de chercher à me consoler de ce que j'étais mis hors de concours, elle me l'a reproché amèrement.

Je me rappelle pourquoi on m'avait chassé du collége. J'avais commis je ne sais quel acte de rébellion contre un professeur; le chef du collége m'avait condamné à aller lui demander des excuses.

Je me rappelle bien : c'était par une horrible gelée, les étoiles scintillaient blanches au ciel; je me levai au milieu de la nuit, j'allai au milieu de la cour et j'appelai mon pédagogue. Après avoir long-temps hésité, il parut à la fenêtre. — Monsieur Sieber, lui dis-je, faites-moi le plaisir de descendre bien vite.

— Pourquoi ?

— Descendez.

Quand il fut dans la cour, grelottant :

— Monsieur, lui dis-je, veuillez me pardonner ma désobéissance de l'autre jour.

24.

Hier, comme je sortais, une amie de ma mère m'a dit : — Rapportez-nous donc des bluets. En revenant, j'ai dit que j'avais oublié la commission des bluets.

26.

Hier le ciel était admirable.

Sur un fond d'un azur pâle, sur les pointes des rochers, s'appuyaient d'immenses nuées noires et pourpres; au-dessus brillait la lune en croissant fin et délié comme un cheveu, et toute blanche; à mesure qu'elle devenait jaune, le bleu du ciel s'assombrissait, et la couleur de pourpre devenait violette et s'effaçait.

On voyait flotter des nuages légers semblables à une fumée empourprée.

30.

J'ai promis à ma mère de la conduire demain chez une de ses amies; je m'y ennuierai, j'y serai gauche et gêné; j'ai eu tort.

Cependant, si je suis si peu accueilli quand je vais quelque part, c'est ma faute. On ne saurait croire combien je fais d'efforts pour atténuer l'expression de mes sensations, pour renfermer au dedans de moi ce que j'éprouve.

Il y a à peu près quinze jours, je revenais du *Vieux-Château*, une femme portait avec beaucoup de peine un fagot que j'aurais facilement porté d'une main. Mon premier mouvement fut de la débarrasser de son fardeau ; mais la crainte du ridicule me retint, et depuis le haut de la rue je fus continuellement combattu.

Imbécile ! le ridicule... Qui aurait osé rire en me voyant soulager cette pauvre femme ? et quand on aurait ri, qu'est-ce que cela me fait ?

Pour mes actions, comme pour mes paroles, je suivrai toujours ma première impulsion, sans me soucier de l'opinion des autres. Je me suis aperçu que lorsqu'il m'arrive de laisser un peu voir mon cœur ou mon esprit à découvert, j'excite l'attention et l'intérêt ; il faut que je prenne sur moi de parler aussi vivement que je sens, et, j'en sui sûr, je serai éloquent.

1ᵉʳ juillet, mercredi.

Il est deux heures du matin. Je ne puis dormir ; je voudrais marcher, courir, mais je ne sais où aller... Mon sang circule avec une effrayante rapidité ; je sens dans la poitrine un feu qui brûle et produit cependant une sensation voluptueuse..... Je ne sais ce que j'ai : je vais écrire, cela me calmera peut-être. Ce soir, je n'ai pas tenu la promesse que je m'étais faite : on a dansé, je me suis intimidé ; j'ai très-mal dansé.

Mais il y avait là, près de l'embrasure d'une fenêtre, une jeune fille, vêtue de blanc, si belle !... si belle.

Je n'ai pu voir qu'elle de toute la soirée. Elle est bien jeune ! on ne peut être amoureux de cette enfant.

Mais elle est si belle ! si douce..... Cette robe blanche lui sied si bien.

2 juillet, jeudi.

Elle s'appelle Blanche.

3 juillet.

Il y a quinze jours qu'elle est notre voisine; depuis quinze jours, chaque fois que ma mère est allée se promener, *elle* était avec ma mère; l'autre soir, quand je me suis couché sur l'herbe, si désespéré, près du *Vieux-Château*, elle y avait passé presque toute la journée.

Ce bouquet de bluets ne peut être à elle, elle a les cheveux bruns; je le jetterai.

4.

Hier, comme dans le jardin je lisais, c'est-à-dire, je laissais mes yeux errer sur un livre, je la vis entrer dans le jardin; je me levai, et en la saluant je me sentis rougir, je cherchais quoi lui dire, pour ne pas lui sembler une sorte de sauvage, car pour moi j'eusse autant aimé ne pas lui parler; c'était assez d'être près d'elle, de la voir.

Comme j'hésitais, elle prit la parole :

— Ma tante est chez madame votre mère, me dit-elle, et on m'a dit d'aller au jardin cueillir un bouquet.

Il se fit un long silence.

Je crus devoir l'interrompre, mais quand je voulais parler, je manquais d'haleine, plus qu'il ne m'arrive après avoir gravi les rochers les plus escarpés.

Enfin, je dis :

— Le soleil est bien ardent.

Probablement, Blanche trouva la chose si évidente qu'elle pensa qu'on ne pouvait la nier et qu'il était inutile de l'affirmer; donc elle ne répondit pas, et me laissa encore tout l'embarras de la conversation.

Je m'enhardis aussi un peu et je dis :

— Vous étiez avec ma mère il y a quelques jours, lorsqu'elle fit une promenade au *Vieux-Château.*

— Oui, répondit Blanche.

— Il faisait encore bien chaud, repris-je.

Probablement par la même raison qui l'avait empêchée de répondre à ma première phrase, elle ne répondit rien.

— Connaissiez-vous cette promenade? fis-je.

— Non, reprit-elle.

J'étais désespéré de ne pouvoir donner à la conversation une direction telle que Blanche fût obligée de parler à son tour, et d'interrompre ses réponses monosyllabiques qui me laissaient toujours le soin de soutenir une conversation d'autant plus embarrassante, que la chose que j'avais à lui dire, était précisément celle dont je ne pouvais parler.

Mais tout à coup elle me sortit d'inquiétude, en disant : — Je n'ai pas vu souvent d'aussi belles roses que celles qui sont sur la plate-forme de tour.

— Ni d'aussi odorantes, dis-je.

— Ni d'aussi grosses, ajouta-t-elle.

— Et cependant, repris-je, quelque belle et riche et prodigieuse que soit la nature, les peintres ont encore la fatuité de la vouloir embellir : toutes les roses que j'ai vues, même celles des plus célèbres peintres, sont plus grosses que les roses naturelles.

Je m'aperçus que Blanche ne connaissait ni les plus célèbres peintres, ni ses roses, et pour parler d'autre chose, je lui dis :

— Le jour où vous êtes allée au *Vieux-Château*, j'y suis allé aussi, mais le soir...

En commençant ma phrase, je voulais dire :

— J'ai trouvé un bouquet de bluets, mais je ne l'osai pas, et je dis :

— Et je ne suis rentré que très-tard.

Blanche ne crut pas me devoir rien dire

de plus mystérieux que ce dont je lui faisais part, et elle répondit :

— Nous, nous étions rentrées à huit heures.

Certes notre conversation était bien simple et bien innocente, et cependant quand j'entendis frissonner les branches d'un arbrisseau, bruit causé par ma mère et par la tante de Blanche,

Je me sentis rougir, et je ne pus continuer à parler ; je me croyais coupable de tout ce que je n'avais pas osé dire.

Ma mère me dit assez sèchement :

— Je ne vous savais pas ici.

Je m'empressais de donner une foule de raisons péniblement cherchées de ma présence au jardin.

Jamais je n'ai été aussi maladroit.

Blanche doit me croire niais.

Je ne veux plus la voir.

5.

J'avais le bouquet de bluets à la main; quand elle approcha de moi je le jetai dans les broussailles.

Elle regarda ce que j'avais jeté.

— C'est, dis-je, un bouquet de bluets que j'ai trouvé... près du vieux château, ajoutai-je un peu plus bas; puis je poursuivis d'une voix à peine intelligible : le jour où vous y allâtes avec ma mère.

— C'est singulier! dit Blanche.

— Comment? m'écriai-je.

— C'est singulier! répéta-t-elle.

Et, après un silence, elle ajouta :

— Ce jour-là, j'ai, du haut de la plateforme, jeté un bouquet de bluets que j'ai remplacé par des roses.

— C'est singulier! dis-je à mon tour.

— Oui, dit-elle, que vous ayez ramassé ce bouquet.

— Non, dis-je, que vous choisissiez des bouquets bleus, ayant les cheveux bruns ; le bleu nuit au teint des brunes.

— Oh ! fit-elle, je ne suis pas si coquette, j'aime les fleurs de toutes les couleurs. D'ailleurs, ajouta-t-elle, le bleu ne me sied pas si mal, je suis fâchée de n'avoir rien de bleu.

J'avais une cravate bleue, je la lui offris, elle la mit à son cou : elle a la peau si blanche, en effet, que le bleu lui sied à ravir.

6.

Hier ma mère voulut faire blanchir ma cravate bleue, je la lui tirai des mains avec une sorte de fureur ; Dieu sait tout ce qu'elle m'a dit. Elle se promena long-temps dans la chambre en m'invectivant; elle prédit que je finirais mal; m'appela sot, fantasque, ingrat, mauvais cœur; et en dernier lieu, après avoir long-temps hésité, comme si cette expression forte lui semblait un peu plus dure qu'il ne fallait, elle ajouta.... original.

— Je m'en irai.

Bah! un sourire de Blanche efface tout cela.

8.

Avant-hier j'ai fait des vers, à peu près comme certains oiseaux chantent par les temps d'orage.

Je vous voyais, comme une fleur charmante
Dont l'éclat virginal craint le souffle des vents ;
Et moi, j'ai craint que la peinture ardente
De l'amour qui charme mes sens

Ne profanât vos attraits innocens.
Insensé que j'étais ! la fleur qui vient d'éclore,
　　La rose qui vient de s'ouvrir,
Des baisers du zéphyr et des pleurs de l'aurore
　　　Devient plus belle encore :
Rose, ouvrez votre cœur aux baisers du zéphyr.

V.

Ouf! dit le baron en s'interrompant, ma mère avait bien raison de dire que je finirais mal.

VI.

Notes.

8.

J'ai déchiré mes vers, ils ne sont pas très-bons.... C'est peut-être un prétexte que j'ai donné à la timidité qui m'empêchait de les présenter.

Ce matin ma mère m'a fait une scène horrible; elle m'a reproché de m'occuper beaucoup trop de Blanche.

En parlant d'elle, elle a dit, *cette petite créature* : je me suis emporté et je suis sorti.

Le soir j'ai accompagné ma mère dans une maison, où la tante de Blanche se trouve ordinairement. J'avais soigné ma toilette, je n'étais pas mécontent de moi; mais à peine étions-nous entrés, on dit :

— Nous n'aurons pas ce soir madame Vurtz. J'avais envie de m'enfuir, et je calculais tout bas les longues heures que j'avais à passer là.

Tout à coup entrèrent Blanche et sa tante; les causes qui les retenaient n'existaient plus. Mon cœur battait bien fort. Elle se trouvait assise de telle sorte que ma mère était entre nous. Sous les yeux de ma mère, je n'osais faire aucune tentative pour me rapprocher d'elle; mais, par hasard ou autrement, elle offrit à ma mère sa place près de sa tante, et nous nous trouvâmes près l'un de l'autre; puis ma mère, sous prétexte d'avoir à me parler, m'appela près d'elle, et me fit asseoir de l'autre côté de madame Vurtz.

15 juillet.

Ce matin, madame Vurtz est venue sans Blanche, elle s'est enfermée avec ma mère, j'ai écouté à la porte.

— Je vous ai écrit, disait ma mère, parce que j'ai à vous parler sérieusement; il s'agit de votre nièce et de mon fils.

Les deux enfans sont amoureux l'un de l'autre.

— Madame, dit la tante de Blanche, il est possible que monsieur votre fils soit amoureux de ma nièce; mais Blanche, faites-moi le plaisir de le croire, a été élevée de telle sorte qu'elle ne peut manquer à aucun des devoirs de notre sexe.

—Madame, dit ma mère, ce que je vous en ai dit est dans votre intérêt, dans celui de votre nièce.

Et dans celui d'un fils pour lequel j'ai tout fait, après l'avoir nourri de mon lait.

Elles se sont séparées, assez mécontentes l'une de l'autre.

Malédiction sur moi! qu'ai-je donc fait à ma mère? Si on m'empêche de voir Blanche, je me tuerai.

Quand ma mère aurait *tout fait* pour moi, cela lui donne-t-il le droit de briser ainsi mon bonheur et mon avenir? Quoi qu'elle dise, elle ne m'a pas même nourri de son lait; c'est une chèvre qui a été ma nourrice.

16.

On ne parle plus de rien.

18.

Oh, mon Dieu! mon Dieu! que vais-je devenir? Blanche part dans cinq jours; madame Vurtz l'a annoncé aujourd'hui. On prend pour prétexte que sa mère la redemande; mais c'est ma mère à moi qui est cause de tout. Je m'en irai, je suivrai Blanche... Je ne sais que faire, ma pauvre tête est perdue! Oh! si je pouvais la voir aujourd'hui, j'aurais du courage, je lui dirais que je l'aime, que je ne vis que pour elle, qu'elle est ma joie et mon espérance.

19.

J'ai écrit à madame Vurtz, je lui avoue mon amour pour sa nièce, je la lui demande en mariage pour dans deux ans, quand je me serai fait un état : j'aurai tant de courage et de force! je serai riche, je serai puissant pour conquérir Blanche.

Elle ne me répond pas.

Oh! ma mère, ma mère! que vous me faites de mal!

23.

Blanche est partie!

Tout est désert et lugubre autour de moi; je n'ai pas parlé à ma mère depuis deux jours.

Hier, après son départ, j'ai couru dans tous les endroits où je l'ai vue. Hélas! au milieu de mon deuil, la nature est riante, le soleil brille; son éclat m'a plus attristé cent fois que n'eût fait la vue d'un linceul.

Adieu, ma Blanche, mon ame, ma vie! Je te reverrai bientôt; et moi aussi j'irai à Ober-Wesel.

Tu es partie, et je n'ai pas même pressé ta main; j'aurais redouté plus qu'un sacrilége de faire répandre sur tes joues virginales la rougeur de la honte.

VII.

Ouf! dit le baron, ma mère avait bien raison de dire que je finirais mal.

VIII.

Notes.

18 janvier.

Ober-Wesel.

Nous sommes deux secrétaires chez M. Bernhard; Louis est un assez bon garçon, médiocrement spirituel, très-infatué de son imperceptible mérite et de sa sotte figure.

Il y a bientôt une semaine que je suis à Ober-Wesel, et je n'ai pu encore découvrir la demeure de Blanche.

C'est un grand pas pour moi que mon entrée chez M. Bernhards : j'ai là quatre cents florins d'appointemens, et en outre la nourriture; plus tard, m'a-t-il dit, il augmentera mes honoraires.

Oh! si j'arrivais à gagner huit cent florins, j'aurais une petite maison sur les bords du Rhin; comme mon séjour serait beau habité par Blanche!

Mais pour cela il faut travailler.

19.

Je suis sorti un moment hier sans pouvoir trouver où demeure ma jolie Blanche.

23.

Louis a pour maîtresse une femme charmante; voilà quatre fois qu'il me prie de la reconduire le soir. Il prend avec moi un ton de supériorité qui ne laisse pas de me choquer un peu; il ne semble pas admettre dans son esprit qu'il soit possible que je plaise à cette femme; il prend avec moi un ton de protection tout-à-fait fatigant : j'ai un projet......

24.

Que Louis est fatigant, lorsque parlant d'Adèle, il dit : — Elle m'adore.

Elle est bien jolie!

26.

Hier soir en la reconduisant, je lui ai serré la main plusieurs fois sans qu'elle la retirât, en la quittant je lui ai dit:

— Pourquoi ne nous embrassons-nous pas en nous séparant?

— Pourquoi nous embrasserions-nous, m'a-t-elle répondu?

Parce que, ai-je dit, j'y trouverais un grand plaisir.

— Alors embrassez-moi, a-t-elle dit, et elle a tendu sa joue.

Mais sans que je puisse dire si ce mouvement a été fait entièrement par moi; ce baiser sur la joue a été donné et reçu de telle sorte que les coins de nos deux bouches se touchaient.

Adèle tremblait beaucoup.

30.

Je me suis foulé un bras et je reste chez moi pour quelques jours.

Hier Louis est venu me voir avec Adèle, je les ai reconduits; je n'avais pu trouver un seul instant pour dire à Adèle que je l'attendrais aujourd'hui chez moi; je donnais le bras à Adèle, Louis marchait près de moi; j'ai dit tout haut dans un moment où personne ne parlait : Je t'attends demain, en même temps je pressais le bras d'Adèle,— et Louis, comme je m'y attendais, a pris cette phrase pour lui.

Quand nous avons eu reconduit Adèle, j'ai dit à Louis :

— J'ai réfléchi; ne viens pas demain.

Je ne sais si Adèle aura compris, cependant il m'a semblé qu'elle répondait à mon mouvement.

On frappe.

2 heures. — Pendant que j'écris, Louis est à ma fenêtre qui fume une pipe; en passant il a demandé, par hasard, si j'étais chez moi. Il va bientôt partir, il y a fortement apparence qu'Adèle viendra à quatre heures et demie.

Si elle ne venait pas!

Cependant, hier soir en me quittant, elle

avait l'air d'éviter mes regards ; c'est peut-être qu'elle avait compris, et qu'elle craignait de le laisser voir à Louis.—Décidément, elle a compris, à moins qu'elle n'ait compris justement le contraire, c'est-à-dire qu'elle n'ait cru que ces mots, dits à Louis, devant elle, étaient pour qu'elle ne vînt pas aujourd'hui.

Il est trois heures : à mesure que le moment approche où elle doit arriver, je perds l'espérance de la voir.

5 heures. — Edouard vient de partir. — Voici le dialogue que je viens d'avoir avec la portière.

La portière. — Il est venu une dame, qui a frappé long-temps.

Moi. — Comment est cette dame ?

— Eh, Eh... je ne pourrais pas trop vous dire.

— Est-elle grosse ?

— Non, elle est d'une bonne grosseur.

— Est-elle grande?

— Non, grande comme vous.

— Ce n'est pas mal; est-elle vieille?

— Non, elle n'est pas vieille.

— Est-elle jeune?

— Pour ça.... je n'ai pas fait attention voyez-vous.... quand on est à son ouvrage.

— Qu'est-ce qu'elle a dit?

— Rien.

— A-t-elle laissé son nom?

— Non.

Si on a réellement frappé, comme dit la portière, il est positif que nous n'avons pas entendu.

Or, nous étions à la fenêtre ou nous n'y étions pas.

Si nous avions été à la fenêtre, j'aurais reconnu la personne; car je regardais avec attention.

Si nous avions été en dedans, nous aurions entendu frapper.

Nous n'étions pas à la fenêtre, puisque nous n'avons vu personne, donc nous étions en dedans ; donc on n'a pas frappé, puisque nous n'avons rien entendu.

D'autre part :

La portière a dit à cette femme qu'il y avait quelqu'un avec moi ; elle aura écouté à la porte, et, reconnaissant la voix de Louis, elle sera redescendue sans frapper.

Un peu plus, ils se seraient rencontrés au coin de la rue.

Peut-être va-t-elle revenir.

Je ne vais pas beaucoup tarder à m'impatienter ; on allume les boutiques, les passans ne sont plus que comme des ombres sans couleurs.

Je vais me coucher.

Je cours au-devant de demain ; qui sait ce qu'il m'apportera ? Eh bien ! oui, justement, qui sait ?

« Aujourd'hui j'attendais un plaisir qui n'est pas venu, demain il en viendra peut-être un que je n'attendais pas, ou bien encore il viendra quelque chagrin, ou il ne viendra rien, et c'est le pire de tout.

Puisque je suis seul, je me souhaite le bonsoir.

Il est très-bizarre de souhaiter le bonsoir précisément quand la soirée est finie, c'est-à-dire quand nos souhaits ne peuvent plus rien y faire,—en supposant que des souhaits puissent jamais faire quelque chose.

J'ai fait bien des hypothèses pour deviner pourquoi Adèle ne venait pas, et cependant il y en a au moins une que je n'ai pas faite, car je gagerais bien n'avoir pas deviné la vérité.

2 février.

Adèle est venue hier, mais je ne la verrai plus; j'ai découvert la demeure de Blanche.

Les parens de Blanche sont de simples paysans. Madame Vurtz n'avait jamais dit cela; c'est égal, cela ne peut avoir aucune influence sur mon amour pour Blanche. Néanmoins cela a mis de la gêne dans notre première entrevue, je ne pouvais pas lui dire :

— La situation de vos parens ne m'empêche pas de vous aimer.

Et elle ne pouvait pas savoir l'impression que ferait sur moi cette découverte.

10.

Blanche devait me donner hier soir une réponse à une lettre que j'ai eu bien de la peine à lui faire recevoir. Vers onze heures, sa fenêtre s'ouvrit, il en tomba quelque chose, sans doute une lettre; je me suis mis à la chercher, la tête penchée vers la terre.

Tout à coup j'entendis une voix.

—Je vous brûle la cervelle!

—Pourquoi donc? dis-je en me relevant.

—Suivez-vous quelqu'un?

—Vous êtes curieux.

—Vous me poursuivez depuis un quart d'heure.

—Je ne vous avais pas vu; mais puisque apparemment vous avez des pistolets pour me brûler la cervelle, vous pourriez n'avoir pas peur de moi.

—Je n'ai pas peur.

—Eh bien! passez, dis-je en lui donnant de l'espace.

Quand il m'eut dépassé, il me dit:

—On risque à passer pour un voleur en restant si tard dans les rues.

—Vous y êtes bien, répondis-je; mais il est vrai que vous n'avez l'air que d'un imbécile.

Il s'en alla en murmurant, et sans doute

est allé raconter que, arrêté par des voleurs, il n'avait dû son salut qu'à son courage et à sa présence d'esprit.

15 mars.

Pour mon jour de naissance, ma jolie Blanche m'a donné la première pâquerette éclose de l'année. Comme, le soir, je la regardais en pensant à Blanche, comme il me semblait sentir s'exhaler de cette fleur à moitié sèche l'odeur de son haleine, M. Bernhard m'a demandé assez brusquement ce que je tenais là; je me suis senti rougir, j'ai caché mon trésor et je n'ai rien répondu. Je ne sais à quoi M. Bernhard attribuera mon embarras; mais ce que je sais bien, c'est que ni lui ni personne n'en sauront jamais la cause; j'aimerais mieux cent fois perdre la place qui me fait vivre que d'exposer Blanche à une seule pensée impertinente; j'étoufferais de mes mains celui auquel je soupconnerais une semblable pensée au fond du cœur.

17.

Je ne puis voir Blanche; elle ne sort pas à cause du froid qui règne toujours lors de la feuillaison de l'aubépine.

3 avril.

C'est le jour de Pâques.

Les pelouses sont d'un vert vivant.

Les oiseaux chantent dans les buissons.

Les saules fleurissent sur les bords du Rhin, et les abeilles bourdonnent autour de leurs chatons jaunes et rouges.

Et aussi sur les fleurs des abricotiers.

Il y a près de moi un bourdon doré qui se pose sur une fleur blanche; l'homme le méprise, et pourtant sa destinée est plus heureuse que celle de l'homme : il trouve sa nourriture dans le calice des fleurs, et ne vend pas sa vie pour manger. La parure que la nature lui a donnée suffit ou le rendre beau aux yeux de sa femelle.

Son sort est plus heureux que celui de l'homme, car pour ne parler que de moi, je suis fort en peine des moyens de me procurer un chapeau neuf.

25.

Hier, comme nous passions ensemble derrière un rideau de noisetiers, à travers lequel perçaient les derniers rayons du soleil qui empourpraient sa jolie figure, je lui ai pressé la main, mais elle est devenue si tremblante, que je n'ai pas osé recommencer.

1er mai.

Quelle jolie petite maison nous avons vue

hier! Tout au haut d'une roche, derrière la maison, de grands et touffus arbres verts.

Comme nous y serions heureux! le soleil semble caresser avec amour le toit de chaume sur lequel fleurissent des iris.

En cueillant pour Blanche une branche d'aubépine, je me suis déchiré la main.

Nous nous sommes assis sur la mousse et nous avons fait des projets.

Mais le moindre bruit que produisait le vent dans les feuilles nous effrayait. Comme le bonheur est craintif! tout lui est ennemi.

O ma Blanche! cachons notre bonheur sous l'herbe, soyons heureux tout bas; l'infortune veille et cherche.

3.

Je voudrais être riche et puissant pour Blanche; mais mon amour n'est-il pas plus précieux que rien de ce que pourraient lui offrir les princes et les rois? . . . . .

. . . .

. . . .

. . . .

IX.

Le baron s'arrêta et feuilleta au hasard quelques cahiers où il vit le commencement de sa grandeur et de sa fortune. Il n'avait plus voulu épouser Blanche; elle avait refusé d'être sa maîtresse. — Il sourit en lisant trois pages emphatiques sur la vertu de la jeune fille. — Puis il l'avait oubliée.

X.

Aujourd'hui, dit le baron, j'ai tout ce que je désirais dans ma jeunesse, de l'argent, des honneurs, du pouvoir, et je m'ennuie ; j'ai perdu, perdu irrévocablement, quelque chose qui n'a pas de nom, une sorte d'aptitude au bonheur que je ne sens plus en moi; de telle façon que moi, envié de tant de gens depuis plusieurs années, je n'ai pas éprouvé de momens aussi heureux, de jouissances aussi pures et aussi complètes que ce que vient de me procurer le souvenir si vrai de mes douleurs passées... Oh! le bel âge! ajouta-t-il en soupirant, où les plus cruelles angoisses même ont du charme et de la poésie, où les plus poignans chagrins ont leur volupté, dont le souvenir m'arrache des larmes aujourd'hui!

Où sont ces faciles bonheurs de ma vie passée? ces bonheurs dont la cause était en moi, ce bonheur si complet de ma première enfance à poursuivre des papillons dans les sainfoins roses et les luzernes violettes?

Plus tard, cette amère volupté des premières atteintes de l'amour, cette riche saison de la vie, où, comme les lilas au printemps, l'ame fleurit et exhale une atmosphère de bonheur?

Oh! comme alors j'étais riche du soleil,

riche de l'herbe sur laquelle je m'étendais si nonchalamment, sur les bords du Rhin, sous les saules bleuâtres; j'étais riche de l'air dont je m'abreuvais alors avec sensualité; mon ame et mon corps se mêlaient à la noble et imposante harmonie de la nature, dont aujourd'hui je suis à peine auditeur !

Et comme moi-même alors j'étais grand et noble, comme mon ame était fière et élevée!

Que suis-je aujourd'hui?... que fais-je?... où vais-je?

J'ai usé ma vie et détruit ma santé pour être riche, pour m'entourer de toutes les merveilles du luxe.

Mais entre ces tentures cramoisies qui décorent ici les murailles, ai-je jamais trouvé de ces instans d'ivresse pure que je trouvais à l'ombre de ces vertes courtines qu'étendaient le feuillage des noisetiers ?

Mon sommeil sur l'édredon a-t-il jamais valu mon sommeil sur la mousse des bois?

Est-il aussi bon de marcher sur ces tapis que sur l'herbe parsemée de petites marguerites blanches ?

Hélas ! ai-je laissé mon bonheur avec la mousse, et les courtines avec mon vieil habit de professeur ?

Ou est-ce un parfum qui s'exhalait de moi, et qui s'est dissipé ?

Il faut un but ou du calme à ma vie ; je n'ai pas de but devant moi. Je suis assez riche, assez puissant, assez envié ; j'ai autant d'amis et d'ennemis qu'il en faut. Je n'ai plus rien à faire.

Il resta encore quelques instants absorbé, puis il reprit, en feuilletant les cahiers qu'il avait parcourus :

— Non, je ne tourmenterai plus ma vie pour acquérir des choses qui, je le sens, ne peuvent plus m'apporter aucune joie.

Non, non ! dit-il, jamais, depuis bien long-temps, je n'ai été aussi heureux qu'en relisant ces notes.

Demain, j'irai évoquer encore des souvenirs, j'irai revoir le rocher de Loreley, j'irai revoir Ober-Wesel et ses hauts clochers, et le Rhin, dont les flots resserrés emportaient si vite la nacelle.

Et cette belle vallée entourée de roches, dont les échos ont si souvent répété le nom de Blanche, et sur le sommet, ces vieilles forêts dont le vent balance la sombre verdure ; j'irai voir tout cela, et aussi la maison où j'étais mercenaire, et la maison où demeurait Blanche.

XI.

Le lendemain, Conrad annonça qu'il serait absent pendant vingt-quatre heures. Il ne revint plus.

Il lui fut impossible de s'arracher aux douces sensations qu'il retrouva dans les lieux où s'était envolée sa jeunesse ; il sentait si bien dans ses veines son sang couler plus chaud et plus rapide, à chaque nouveau souvenir que lui rendait un arbre, une haie, une roche, un tapis d'herbe verte,

Qu'il se dit :

—En avant de moi la vie ne m'offre plus rien, je vais retourner sur mes pas, je vais revivre de mes souvenirs, je vais rester ici.

La maison de Blanche n'existait plus, d'autres avaient été bâties sur le même emplacement.

Mais ce qu'il retrouva, c'est cette vallée dans les roches où le soir il voyait quelquefois Blanche.

Même il appela Blanche, et les échos répétèrent le nom; mais il regarda autour de lui, il craignait d'être entendu : il n'était plus à l'âge où l'on croit le monde et la nature entière intéressés à nos joies et à nos douleurs, où l'on ne peut penser que ce qui nous remplit le cœur ne soit pas respectable à tous, où l'on vit au milieu d'un univers fictif dont on se fait le centre.

Il voulut seul descendre le Rhin en bateau, devant les rochers auxquels les bateliers font répéter le nom de Loreley, la fée des eaux; auxquels lui n'avait fait répéter que le nom de Blanche. Mais le soir il avait le corps et les membres brisés, il n'avait plus les bras et les jarrets souples et vigoureux comme autrefois; il était essouflé pour gravir la moindre roche. Il voulut aller cueillir un petit rameau de cette aubépine où il s'était un jour, pour Blanche, si fort déchiré les mains, et sur laquelle alors des branches nues sortaient à peine des bourgeons verts un peu rosés. Le pied lui glissa, et l'abîme qu'il vit au-dessous de lui le fit pâlir.

—N'importe, dit-il, je resterai ici.

Un matin, en se promenant sur le bord du fleuve, il se trouva à un endroit où il voyait d'un seul coup d'œil tous les lieux qui avaient conservé ses souvenirs; il traversa le fleuve, et deux jours après il était possesseur d'une belle propriété, restes du vieux château de Schœnberg.

XII.

Voici ce qu'on dit du vieux château de Schœnberg :

— Au temps de la chevalerie, il y avait dans ce château sept sœurs d'une rare beauté, et que l'on appelait les belles comtesses.

De toutes les parties du monde, barons,

comtes, chevaliers et nobles hommes venaient les admirer, s'efforcer de briller à leur cour, et d'obtenir d'elles un regard favorable. Ce n'étaient que tournois et fêtes. Les sœurs ne songeaient qu'à se divertir et qu'à enchaîner auprès d'elles, par leurs artifices, les chevaliers qui prenaient tant de soin de leur plaire. Elles donnaient des espérances à tous, et chacun des prétendans se croyait préféré à ses rivaux.

Mais l'accord ne put durer long-temps : les chevaliers se querellèrent et se battirent, il y eut un horrible massacre. Le lendemain, les sept belles comtesses avaient disparu et ne revinrent plus; mais on aperçut pour la première fois dans le Rhin, auprès d'Ober-Wesel, sept écueils, que les vagues tantôt couvraient de leur écume, tantôt laissaient à nu. C'étaient les sept sœurs que Loreley, la fée des eaux, avait changées en pierres. —

Si vous avez quelques doutes sur la vérité

de cette tradition, les sept pierres y sont encore.—Cherchez, et vous n'avez peut-être pas une seule croyance établie sur de meilleures preuves.

XIII.

Sitôt que le contrat de vente fut signé, le baron s'aperçut qu'il avait fait une sottise.

Ce n'était pas dans le lieu dont l'aspect l'avait séduit qu'il fallait choisir son habitation; c'était en face, pour ne pas en perdre la vue. C'était sur les roches nues d'où l'on voyait si bien Ober-Wesel, et le rocher auquel le village était adossé, et le mouvant feuillage qui couronnerait le rocher au mois de juin.

Pendant quelque temps il continua ses courses aux environs; mais d'horribles courbatures l'avertirent qu'il avait perdu encore plus qu'il n'avait pensé, et il avisa de rassembler autour de lui dans l'enceinte de son immense parc tous ses *monumens*.

Il se rappela la maison de Blanche, en dressa le plan lui-même, et la fit construire; il se rappela aussi la pelouse qui était devant la porte, et ordonna au jardinier d'en faire une semblable.

Il lui demanda aussi des aubépines et des pâquerettes, et des barbeaux; il n'oublia pas le rideau de noisetiers, derrière lequel il avait osé serrer la main de Blanche.

Et aussi des vergiss mein nicht.

XIV.

Souvent par une matinée d'automne, alors qu'il fait si bon de flâner par les plaines, un fusil sur l'épaule, vous avez aperçu à l'horizon un lac immense; vous avez continué votre route, et, arrivé au point où vous aviez vu le lac, vous marchiez sur l'herbe, et vous ne voyiez que des vapeurs qui s'exhalaient de la terre;—plus loin, vous vous êtes retourné et vous avez revu le lac avec sa surface unie.

Telle est la vie; on mourrait de désespoir quand on découvre que ce qu'on avait pris pour but de ses pensées, de ses désirs, de ses rêves, n'existe pas, ou n'est qu'un brouillard auquel la distance donne des formes fantastiques.—Mais comme il faut marcher, entraîné que l'on est par la vie, il vient un moment où, en se retournant, on revoit les mêmes prestiges, et, jusqu'au bout de la route, on jette, de temps à autre, un regard d'adieu à ce qu'on croit avoir possédé; la vie est toute dans ce qui n'est pas encore et dans ce qui n'est plus,—désirs et regrets.

Ainsi avec quelle ténacité nous nous rattachons aux moindres souvenirs! Quelle influence gardent sur nous une mélodie quelquefois sans couleur pour tous, — certains aspects du ciel,—la fleur que d'autres foulent aux pieds avec indifférence!

Cela doit vous expliquer à la fois et la manie qui s'empara de Conrad, et notre persévérance à rappeler ces petites fleurs aux pétales d'un bleu de ciel pâle, au feuillage d'un vert sombre, qui croissent sur le bord des étangs et des fleuves, et, le pied dans l'eau, suivent le mouvement des petites lames que le moindre vent pousse à la rive.

Comme nous l'avons dit ailleurs, les Suisses les appellent *herbes aux perles*, — les botanistes *myosotis scorpioides*.

Voici pourquoi on les a appelées vergiss mein nicht, c'est-à-dire *ne m'oubliez pas*. Dussions-nous nuire à l'intérêt de notre histoire, nous dirons que c'est une des traditions les plus intéressantes que nous ayons jamais entendues.

Il y a un tombeau à Mayence — comme le nom que l'on y avait gravé a été effacé, le tombeau est à la disposition du premier venu d'entre les morts ; mais attendu qu'il est simple, et qu'aucune famille ne pourrait s'enor-

gueillir de l'attribuer à un de ses membres morts, l'opinion générale le laisse à un ménestrel allemand, musicien et poète, dont on n'a pas même conservé le nom de famille.

Il s'appelait Henreich; et comme ses vers, dont nous ne croyons pas qu'il soit rien resté, étaient tous à la louange des femmes, et surtout à celle de Marie, on l'appelait *Henreich frauenlob*, c'est-à-dire le poète des femmes. Quand il était parti pauvre pour courir l'Allemagne et chercher fortune au moyen de ses romances et de son talent, Henreich avait laissé à Mayence une fille qui attendait son retour, s'éveillait pâle dans les nuits d'orage, et priait pour lui.

Après trois ans, il revint riche et renommé. Long-temps avant son retour, Marie avait entendu son nom mêlé à la louange et à l'admiration; et, par une noble confiance, elle savait que ni la louange ni l'admiration n'avaient donné à son amant autant de bonheur et d'orgueil que lui en donnerait le premier regard de la jeune fille qui l'attendait depuis si long-temps.

Quand Henreich vit de loin la fumée des maisons de Mayence, il s'arrêta oppressé, s'assit sur un tertre d'herbe verte, et fit entendre un chant simple et mélancolique. — comme le bonheur...

Le lendemain, vers le coucher du soleil, les cloches tintèrent pour annoncer le mariage de Henreich et de Marie, à la première aurore.

A ce moment, tous deux se promenaient seuls sur l'allée qui s'étend le long du Rhin.

Ils s'assirent l'un près de l'autre sur un tapis de mousse, et passèrent de longs et fugitifs instans à se regarder, à se serrer les mains sans rien dire — tant ce qui remplissait leurs ames était intraduisible par des paroles.

La teinte de pourpre que le soleil avait laissée à l'horizon était devenue d'un jaune pâle, et l'ombre s'avançait sur le ciel, du levant au couchant.

Tous deux comprirent qu'il fallait se quitter; Marie voulut fixer le souvenir de cette belle soirée, et montra de la main à Henreich des fleurs bleues sur le bord du fleuve.

Henreich la comprit et cueillit les fleurs, mais son pied glissa, il disparut sous l'eau : deux fois l'eau s'agita, et il reparut, se débattant, écumant, les yeux hors de la tête, — mais deux fois elle ressaisit sa proie.

Il voulait crier; mais l'eau le suffoquait. A la seconde fois qu'il reparut, il tourna un dernier regard vers la rive où était Marie, et sortant un bras, il lui jeta les fleurs bleues qu'une contraction nerveuse avait retenues dans sa main; mais ce mouvement le fit enfoncer : il disparut, l'eau reprit son cours, et le fleuve resta uni comme une glace. Ainsi mourut Henreich Frauenlob.

Pour Marie, elle mourut fille, dans une communauté religieuse.

On a traduit l'éloquent adieu de Henreich, et on a appelé la fleur bleue, *Vergiss mein nicht,* c'est-à-dire *ne m'oubliez pas.*

XV.

Quand la maison de Blanche fut construite, quelque exactitude qu'on y pût mettre, elle était trop neuve, les murs étaient trop blancs, et le chaume n'était pas, comme sur l'autre, couvert d'une belle mousse verte et brune, et surmonté d'iris violettes.

Le jardinier annonça officiellement à Conrad qu'il ne fallait pas marcher sur le gazon anglais.

Au mois d'avril, au lieu de pâquerettes blanches, il fleurit des pâquerettes roses doubles.

Le jardinier avait aussi planté une variété d'aubépine à fleurs doubles et *sans épines,* que, triomphant, il fit remarquer au baron dans les premiers jours de mai.

Les coudriers avaient été, par un ciseau savant, taillés et arrondis en boule.

Au mois de juillet fleurirent des barbeaux roses, blancs, jaunes, violets, mais pas un seul bleu. Cette variété, qui vient d'elle-même dans les champs, étant trop commune pour le jardin de monsieur le baron.

— Où est le temps, se disait-il, où je marchais sur l'herbe sans savoir si mes pas pouvaient la flétrir, et me reposant sur la nature du soin de me fournir des tapis verts!

Hélas! pour trouver les bluets aussi jolis,

il faut, par le soleil, les aller chercher dans les champs, et avoir une tête blonde sur laquelle on les mette en couronne.

Comment diable cette aubépine double *sans épines* me rappellera-t-elle celle que je teignis de mon sang?

Il abandonna le jardin au jardinier.

Il rencontra un jour une vieille femme; c'était la tante de Blanche. Elle ne le reconnut pas; mais elle possédait un vieux mouchoir bleu qui avait appartenu à sa nièce; elle le donna à Krumpholtz, qui lui donna sa bourse pleine d'or.

Il enferma ce mouchoir dans son cabinet. Ce souvenir était plus resserré, plus intime, et ne passait pas par d'autres mains avant d'arriver à lui; mais, au bout de quelque temps, l'habitude fit que ce *souvenir* ne le frappa pas plus qu'une tasse de porcelaine ou un flambeau ciselé.

Conrad se trouva plus malheureux que jamais.

Avant cette épreuve, il n'avait perdu que l'objet de ses sensations, il avait maintenant perdu aussi la faculté de sentir.

Il eut envie de se casser la tête.

C'est une proposition que souvent à soi-même on se fait assez légèrement : — aussi jouit-on pendant quelques jours agréablement de la vie après qu'on a trouvé à se donner un prétexte plausible de prendre un autre parti.

Krumpholtz se rappela un air qu'il avait entendu chanter par Blanche.

XVI.

O la belle et divine chose que la musique !
O musiciens ! enfans chéris du ciel ! que le
peintre et le poète courbent le front devant
vous , — car la musique c'est la langue du
ciel ; langue mystérieuse que nous aimons
à entendre , toute vague et mystérieuse
qu'elle est , comme on aime à entendre une

douce langue étrangère prononcée par une femme. Là où s'arrête le génie du peintre, là où le poète n'a plus que des sensations confuses qu'il ne peut rendre, et des paroles qui lui brûlent le cœur sans pouvoir sortir sous une forme humaine, là où s'arrête la poésie — commence la musique.

Krumpholtz alors retrouva tous ses souvenirs, toutes ses sensations; alors il retrouva ses dix-huit ans, la santé et la vigueur de son ame et de son corps.

En rappelant cet air, il fut heureusement surpris, comme le voyageur qui, avec son bâton ferré, gravissant péniblement les hauts glaciers, arrive à une hauteur où la mousse seule végète encore : — il monte, et la mousse même a disparu ; — partout la neige blanche comme un linceul ; mais tout à coup du sein de la neige s'élève un arbrisseau d'un vert vif, couronné de fleurs de la couleur de la rose : c'est l'alpen-rose, c'est la rose des Alpes.

XVII.

8

Mais Krumpholtz ne se souvenait que de cette partie de l'air; et quelques efforts qu'il pût faire, il lui fut impossible de se rappeler une note de plus.

Il chanta ce commencement d'air cent fois par jour. En lisant, en mangeant, en causant, il fredonnait toujours les mêmes mesures, autant pour renouveler la sensation que lui apportait cet air que dans l'espoir d'en trouver la fin. Souvent il sentait la mesure suivante errer sur ses lèvres ou bourdonner à son oreille; mais aussitôt qu'il voulait l'articuler, il ne voyait plus rien, et il chantait cinquante fois de suite :

> Au Rhin, au Rhin, c'est là que sont nos vignes,
> Qu'il soit béni le Rhin! qu'il soit béni le Rhin!
> Le pampre.....

Mais il ne pouvait aller plus loin.

Il alla trouver la tante de Blanche; mais elle etait devenue complétement sourde.

Pendant une semaine, il arrêta tous les bateliers et les vignerons qu'il rencontra, il leur chantait ce qu'il savait de son air et leur demandait s'ils savaient la suite.

Au bout de la semaine, sa réputation de folie était parfaitement établie.

XVIII.

Le baron Krumpholtz à M. Samuel, marchand de musique à Mayence.

Monsieur,

Veuillez, aussitôt la réception de ma lettre, m'envoyer en diligence la plus grande quantité de vieille musique que vous pourrez trouver dans vos magasins. N'épargnez pas, je vous prie, les frais de transport pour que j'aie plus promptement ce que je demande, vous obligerez votre serviteur,

Baron Conrad Krumpholtz.

Ober-Wesel.

XIX.

𝔐. Samuel à 𝔐. le baron Conrad Krumpholtz.

Monsieur le baron,

Je ne saurais trop vous témoigner ma reconnaissance de vous être rappelé mes magasins; mais ce qui doit être considéré comme une générosité pleine d'une rare délicatesse c'est la bonté que vous avez de me demander de *vieille musique.*

Il est vrai, qu'il y a quelques années, lorsque, pour la première fois, j'eus l'honneur de vendre de la musique à votre excellence, commençant mon commerce avec peu de ressources, ma maison n'était pas aussi bien achalandée que celle de la plupart de mes confrères; mais aujourd'hui, grâce à la faveur dont m'ont honoré votre excellence et plusieurs de ses amis, mes moyens se sont prodigieusement accrus, et je puis, sans trop me flatter, dire qu'aucuns magasins dans Mayence ne sont aussi bien assortis que les miens. C'est pour vous en donner une preuve, monsieur le baron, que, au lieu de la *vieille musique* que vous aviez la bonté de me demander, je vous envoie tout ce qu'il y a de plus nouveau et de plus à la mode.

Daignez recevoir, monsieur le baron, l'assurance du respect empressé de votre très-humble et très-obéissant serviteur,

SAMUEL.

XX.

Le baron Krumpholtz à M. Samuel, marchand de musique à Mayence.

— Vous êtes un âne, monsieur Samuel ; quand je demande de *vieille musique*, c'est que je veux de vieille musique. Je garde celle que vous m'avez envoyée ; mais hâtez-vous de réparer cette bévue, en m'envoyant promptement ce que j'ai demandé.

Baron Conrad-Krumpholtz.

XXI.

Il eut beau feuilleter la vieille musique, il ne trouva rien qui approchât le moins du monde de ce qu'il voulait.

Au milieu de ses recherches, il découvrit dans un grenier un vieux violon, usé, brisé, disloqué, il y remit des cordes, et passa des jours entier à jouer :

> Au Rhin, au Rhin, c'est là que sont nos vignes ;
> Qu'il soit béni le Rhin ! qu'il soit béni le Rhin !
> Le pampre. . . . . .

Mais toujours il était forcé de s'arrêter là pour recommencer et s'arrêter encore.

Priez votre meilleur ami d'en faire autant auprès de vous, nous offrons de gager qu'avant un quart d'heure vous l'aurez jeté à la porte.

Aussi, l'un de ses voisins qui n'était pas son ami, ne se crut-il pas obligé de souffrir long-temps un semblable supplice, et lui fit-il parvenir, par le ministère d'un homme de loi, une sommation ainsi conçue :

Le..... 18.....
En fait :
Attendu que le sieur baron Krumpholtz est convaincu de se permettre à toute heure

du jour et de la nuit de jouer d'un prétendu violon, le plus aigre qui se soit jamais entendu ;

En outre, que ledit baron joue presque continuellement faux, et ne joue que quelques mesures d'un air qu'il n'achève jamais et recommence toujours ;

Il semble prouvé que ledit baron Krumpholtz n'en agit ainsi que par méchanceté, désir de nuire et malveillance à l'égard de son voisin; car on offre de s'en rapporter au jugement d'arbitres; il est impossible que ce soit ni pour son plaisir ni pour celui de qui que soit que l'on fasse de pareille musique.

En droit : — Attendu que les lois et réglemens de police ont sagement écarté des lieux habités tout établissement malsain, nuisible ou incommode ;

Attendu que les sons d'un violon aigre pénètrent à travers les fenêtres, les portes et les murailles, viennent chercher la victime jusque dans son foyer, au milieu des travaux de la science et des occupations intérieures pour la torturer sans relâche; il demeure constant que le fait du sieur Krumpholtz constitue la violation de domicile et l'attentat à la liberté individuelle;

Attendu que le sieur Selbner plaignant, n'a reculé devant aucunes dépenses de bourrelets, volets et contre-volets avant de porter plainte devant les protecteurs de la sûreté des citoyens, et que ses efforts dispendieux ont été inutiles;

Attendu que l'horrible persécution du baron a forcé le sieur Selbner de suspendre des travaux scientifiques dont il doit revenir audit sieur de la gloire et de l'argent;

Attendu que le sieur Selbner a le système nerveux excessivement sensible, et que chaque note fausse du baron lui est mille fois plus douloureuse que ne le serait à un autre un coup de couteau, et qu'il se trouve en ce moment menacé d'une névralgie aiguë dont les premiers symptômes le font beaucoup souffrir, et dont les suites pourraient mettre sa vie en danger ;

Demandons 1° que le sieur baron Krumpholtz soit tenu de déguerpir sous le plus bref délai ;

2° Qu'il paie au plaignant des dommages-intérêts, équivalens au tort qu'il lui fait ;

3° Qu'il soit jugé comme coupable : 1° de violation de domicile ; 2° d'attentat à la liberté individuelle ; 3° de tentative d'homicide volontaire avec préméditation.

Le baron fit faire des excuses à son voisin, lui envoya une pièce de vin fin, et promit de ne jouer du violon à l'avenir que dans une salle basse dont les sons ne pouvaient s'échapper.

XXII.

Comme Athanase paraissait de mauvaise humeur, le baron lui demanda ce qu'il avait.

Athanase hésita, puis montra une lettre à son maître.

Conrad la prit, elle était adressée à Athanase, c'était une femme qui lui rappelait *des sermens*, lui disait qu'elle ne pouvait plus vivre sans lui, et que s'il ne revenait bientôt elle quitterait tout pour l'aller trouver. Surtout en lisant une lettre si tendre, Conrad regardait Athanase et cherchait à s'expliquer la passion de la femme qui l'avait écrite.

Athanase était petit, mal fait, et, sur la plus sotte figure qu'on pût voir, arrangeait prétentieusement d'horribles cheveux d'un jaune orangé.

— Monsieur, dit-il, vous ne sauriez croire combien cette femme me tourmente; je ne l'aime pas, et je ne puis m'en débarrasser.

Ne l'as-tu pas aimée? dit Conrad.

— Non, dit Athanase avec un air de fatuité qui contrastait grotesquement avec sa figure; on prend cela par hasard pour le laisser le lendemain.

Le baron ne disait plus rien; Athanase se

retirait; mais son maître le rappela : — Eh ! dit-il, comment s'appelle votre Ariane.

— Blanche, dit Athanase.

— Blanche ! s'écria le baron.

— Blanche, répéta Athanase.

— C'est singulier, dit le baron.

Athanase ne répondit rien, mais il ne voyait à cela rien de singulier.

— C'est, dit le baron, une fille svelte et élancée, et un teint blanc comme le lait.

— Mais non, dit Athanase, elle est au contraire passablement brune de peau et a un embonpoint remarquable qui fait d'elle une fort *belle femme*.

Lorsque Conrad fut seul : — Comme on se figure aisément que la femme que l'on aime n'a rien de commun avec les autres femmes ! Je n'ai pu m'empêcher d'être choqué que ce drôle ait une maîtresse qui s'appelle Blanche.

Et aussi, comment une grosse femme avec une peau noire ose-t-elle s'appeler Blanche?

— Ma Blanche avait une peau si fine et si fraîche, et si jamais j'avais osé en faire l'expérience, je suis sûr que sa taille eût tenu dans mes deux mains.

Il finit ce monologue comme il finissait tout, en fredonnant:

Au Rhin, au Rhin, c'est là que sont nos vignes;
Qu'il soit béni le Rhin, qu'il soit béni le Rhin.
Le pampre. . . . . . .

Après quoi il recommença:

Au Rhin, au Rhin, c'est là que sont nos vignes;
Qu'il soit béni le Rhin, qu'il soit béni le Rhin.
Le pampre. . . . . . .

XXIII.

Il y avait des momens où il lui semblait que l'air commencé s'achevait dans sa tête, et il écoutait avec une figure stupide.

Souvent, il le sentait chatouiller ses lèvres, mais il ne pouvait l'articuler.

Si le vent soufflait dans les arbres, il trouvait dans le bruit que faisaient les peupliers en se balançant, quelque chose qui lui rappelait son air.

Le dimanche les cloches le lui faisaient entendre distinctement; mais après la fatale mesure, le vent ou les cloches semblaient recommencer, sans jamais faire une note au-delà.

Ce *fredonnement* perpétuel du baron, au milieu des plus graves conversations, le rendit, en peu de temps, tout-à-fait insupportable aux quelques amis qui venaient le voir dans sa retraite, et la solitude entière où le laissa leur abandon ne contribua pas peu à augmenter sa manie, qui finit par prendre le caractère d'une folie véritable.

XXIV.

Conrad, après dîner, tandis qu'Athanase derrière lui attendait depuis long-temps qu'il se levât, pensait à la bizarrerie de son sort qui, lui ayant donné tout ce que les hommes recherchent d'ordinaire, ne lui avait laissé de désir que pour une chose qui n'aurait probablement plus aucun prix, si le hasard la lui faisait rencontrer.

Après de longues réflexions, il voulut les résumer par une sorte d'aphorisme, dans le genre oriental, et dit tout haut :

— Le bonheur est une gazelle....

Mais il fut arrêté par une marque d'improbation que laissa échapper Athanase.

— Si votre excellence le permet, dit-il, je lui dirai franchement que je ne suis pas de son avis; car à mes yeux, en ce moment, le bonheur est la tranche de bœuf rôti qui m'attend à l'office, quand votre excellence aura quitté la table.

— Mais, dit Conrad, quand tu auras dévoré ton bœuf rôti, où sera le bonheur?

— Alors, dit Athanase, le bonheur sera le moment où je me coucherai, pour dormir jusqu'au lendemain.

— Donc, se dit Conrad, le bonheur est

tout simplement ce que nous n'avons pas, car pour moi, excepté la fin de cet air, je ne sais pas ce qui me manque. Donc le bonheur est une antithèse, et rien de plus ; le bonheur est le contraire souvent fictif de nos souffrances.

— Dans les ardeurs de l'été, pendant une longue marche par des terrains sablonneux, le bonheur est un vent frais, qui rafraîchisse le front ; tandis que l'hiver, quand le givre s'attache à nos cheveux, le bonheur devient ce même soleil, dont nous nous plaignions quatre mois auparavant.

Et il voulut terminer son aphorisme.

— Le bonheur est une gazelle blanche.

— Pourquoi blanche? interrompit Athanase, enhardi par les questions que son maître venait de lui faire.

Mais Conrad, qui ne trouva rien de bon à répondre, dédaigna l'objection, et poursuivit : — Le bonheur est une gazelle blanche, qui ne laisse voir à l'homme que la poussière que font lever ses pieds, ou le mouvement que son passage laisse aux broussailles.

— Mais, dit Athanase, comment alors savez-vous que c'est une gazelle? Et si c'est une gazelle, comment savez-vous qu'elle est blanche?

— Le bonheur, reprit Conrad, est quelque chose qui fuit, quelque chose qui ne laisse voir de soi que la poussière que font lever ses pieds, et le mouvement que son passage laisse aux broussailles.

Et il ajouta :

— Et l'homme qui le poursuit n'en tire d'autre bénéfice que de se faire aveugler par les branches des buissons.

Conrad, ayant terminé son aphorisme, se leva de table; il y avait long-temps qu'il n'avait autant fait dans la journée, et tandis qu'Athanase mangeait sa tranche de bœuf, tout en répétant la fin de son aphorisme : —Et l'homme qui le poursuit n'en tire d'autre bénéfice que de se faire aveugler par la poussière et par les branches des broussailles, il songeait à quelque nouveau moyen de se procurer la fin de son air : ce qui prouve que la sagesse ni les aphorismes ne servent à rien, pas même celui-ci qui n'empêchera personne de formuler la sagesse en préceptes toujours inutiles, d'abord pour lui, parce qu'on ne trouve ce qu'il fallait faire qu'après avoir épuisé tout ce qu'il ne fallait pas faire, ensuite pour les autres, parce qu'on ne croit qu'aux trous dans lesquels on est tombé soi-même.

A force de chercher, il songea qu'il avait pour voisin un savant antiquaire, dont la fille, lui avait-on dit, était musicienne; mais le savant ne voyait personne, pour ne pas perdre un temps qu'il lui plaisait d'appeler précieux, *en futilités*, comme s'il y avait des choses plus futiles les unes que les autres. Un ami du baron, qui n'était pas fâché de lui voir faire de nouvelles connaissances pour se débarrasser de lui, se chargea de l'introduire chez le savant; et, en effet, quinze jours après, lui vint dire qu'il pouvait se présenter; qu'il serait le bien venu.

XXV.

Où l'on découvre quelle était la véritable couleur du cheval de Renaud de Montauban.

Mais pour faire recevoir Krumpholtz, son ami n'avait pas trouvé d'autre moyen que de l'annoncer comme un savant qui brûlait de faire sa connaissance. Il avait vu dans le monde beaucoup de savans de profession qui ne lui avaient pas paru d'une force désespérante, et qui, s'ils avaient dit sur les choses connues le quart des sottises qu'ils disaient sur les choses inconnues, se seraient fait baffouer et poursuivre par les enfans à travers les rues.

Il avait jugé cette petite supercherie si peu importante, qu'il n'en avait même pas prévenu le baron, qui, suivi d'Athanase, arriva chez son voisin comme un simple homme, sans se douter le moins du monde qu'il lui fût arrivé de devenir savant.

Il le trouva dans son jardin. Après les civilités d'usage, il le laissa parler tant qu'il voulut, sans prononcer une parole, et attendant le moment d'arriver à son but, à savoir de jeter un coup d'œil sur la musique de sa fille; mais il n'y eut pas moyen de glisser sa proposition entre deux phrases, tant elles étaient serrées, connexes, liées entre elles, soit par tous les artifices de langage connus, soit par la volubilité du discoureur.

Enfin, le savant, après s'être efforcé d'embarquer son voisin dans une conversation scientifique que le baron éluda le plus adroitement qu'il lui fut possible, s'avisa d'une question directe à laquelle il fallait nécessairement répondre.

— Monsieur, dit-il, une chose, je l'avoue, m'embarrasse; dans un livre français que j'ai en ce moment sous les yeux, il m'est impossible de deviner d'où peut venir le nom de Bayard, que l'on donne au cheval de Renaud de Montauban.

A ce moment les sons d'un clavecin se firent entendre; le baron, livré à ses préoccupations, ne répondit pas.

Le savant répéta sa question.

Soit qu'il fût encore préoccupé, soit que, peu savant, il n'eût pas la chronologie bien présente, il répondit sans hésiter :

— J'ai un chien que j'appelle Hercule,

pourquoi Renaud n'aurait-il pas donné à un cheval de bataille le nom d'un guerrier aussi fameux que Bayard ?

Le savant le regarda stupéfié.

Le baron s'aperçut qu'il avait dit une sottise, et se prit à rire.

Le savant prit sa phrase pour une plaisanterie, et rit aussi.

Mais Athanase, qui s'était rapproché, dit :

— Si votre excellence et monsieur veulent me le permettre, je leur dirai mon avis.

Et, prenant le silence de son maître pour un consentement tacite, il ajouta :

—Il y a chez monsieur le baron un cheval alezan que j'appelle l'Alezan, une jument pie que j'appelle la Pie, une autre grise que j'appelle la Grise; pourquoi M. Renaud n'aurait-il pas appelé son cheval bai Bayard?

—Et, dit le baron, qui t'a dit que le cheval de Renaud fût de couleur baie ?

—C'est bien simple, dit Athanase; je n'appelle pas votre jument grise la Pie, ni votre jument pie la Grise. Je n'ai pas connu M. Renaud, mais je n'ai pas de raison de le croire plus aveugle que moi : il n'aurait pas appelé son cheval Bayard, s'il avait été gris ou alezan.

—Mais, dit le baron, qui te prouve qu'il l'ait appelé ainsi à cause de sa couleur?

—C'est encore très-simple, dit Athanase; je viens de vous prouver que son cheval était bai, puisque s'il eût été gris, ou alezan, ou isabelle, il ne l'eût pas appelé Bayard, c'est-à-dire bai.

Donc, en retournant ce raisonnement, il est clair que, puisqu'il est bai, il devait l'appeler Bayard, et non point l'Alezan, ni l'Isabelle, comme moi j'appelle la jument pie la Pie, et le cheval alezan l'Alezan.

Le baron et son voisin étaient embarrassés; le syllogisme d'Athanase était faux; mais ils ne savaient comment lui prouver qu'il était faux, d'autant que son étymologie paraissait juste. Pour changer de conversation, Conrad dit :

—Rapprochons-nous de la salle basse, je serais enchanté d'entendre le clavecin de mademoiselle votre fille; on m'a parlé de son talent et de la précieuse collection d'ancienne musique qu'elle possède.

— Oui, dit le voisin en s'acheminant vers la salle d'où s'était fait entendre le clavecin, elle a toute la musique de Francon qui, en 1066, inventa à Cologne les signes de la division du temps musical, Gilles Binchois, Jean Okenheim, Cyprien Roze, Hobrecht, qui montra la musique à Érasme, Jacques de Kerl, Gaspard Krumhorn l'aveugle, etc.

— Blanche, dit-il en arrivant, je te présente notre voisin le baron Conrad Krumpholtz.

—Blanche! dit Conrad.

—Blanche! dit Athanase qui s'était arrêté assez près pour entendre.

—Un savant distingué, ajouta le père.

Le baron le regarda, prenant ce compliment pour une mauvaise plaisanterie.

La fille du savant était une grande et sèche personne de trente-cinq ans, habillée avec prétention.

Tandis qu'elle jouait quelques morceaux sur le clavecin, le baron feuilleta toute sa musique sans trouver ce qu'il cherchait; en haut d'une page blanche il y avait seulement ce titre : *Au Rhin!*

Mais ce n'étaient ni le savant ni sa fille qui avaient copié cette musique, ils ne savaient ce qu'on avait eu l'intention d'y transcrire, et d'ailleurs rien ne prouvait que ce fût la chanson de Conrad.

Comme il s'en allait avec Athanase :

—Blanche! se disait-il, tout me rappelle le souvenir chéri de celle que je cherche.

—Blanche! se disait Athanase, tout me rappelle la femme qui me poursuit.

XXVI.

Un jour Conrad s'aperçut qu'il était souverainement ridicule ; il abandonna sa maison des champs d'autant plus facilement qu'il n'y avait presque plus de feuilles aux arbres, et que les premières gelées avaient blanchi la terre.

Il retourna à la résidence pour chercher à se distraire en se livrant pendant l'hiver à tous les amusemens qui pourraient se présenter.

D'abord il trouva quelque plaisir à retrouver le bruit et le mouvement, à revoir des visages qu'il n'avait pas vus depuis long-temps, à rentrer dans des habitudes auxquelles ses six mois d'absence avaient rendu un charme momentané.

Puis il allait recommencer à s'ennuyer, quand il se rappela que lorsqu'il avait, pour la première fois, quitté la maison où il était né pour élire domicile dans une ville ; sa mère lui avait dit à son départ :

—Défiez-vous des mauvaises sociétés dont le charme trompeur vous jetterait dans une voie funeste ; —ne vous livrez pas aux prestiges de l'ambition qui bouleverse les empires, —et marchez contre les murailles pour vous préserver des voitures.

Craignez les séductions du monde et les

plaisirs empoisonnés qui vont vous assiéger en foule, redoutez surtout les filles d'Opéra ; ce sont des sirènes, qui perdent les jeunes gens, — et faites souvent remettre des clous à vos bottes ; car en aucun lieu du monde la chaussure ne s'use aussi vite que sur le pavé des grandes villes.

Les avis de sa mère lui avaient ouvert l'esprit à des idées nouvelles ; malgré lui il se faisait de délicieuses images de ce qu'on voulait lui faire craindre ; et, à l'exception des voitures, il brûlait de s'exposer à tous les dangers que l'on lui recommandait d'éviter.

Il ne voyait pas grand mal à être pour quelque chose dans les bouleversemens de l'ambition ; il en voyait encore moins à se laisser faire par les plaisirs qui devaient l'assiéger en foule ; et ce que surtout il voulait connaître c'étaient ces dangereuses sirènes qui, selon lui, ne pourraient jamais lui faire un mal égal au bonheur qu'il aurait à tomber dans leurs piéges.

Mais, dans la ville où il était, la plus haute carrière ouverte à l'ambition était fermée par une place de bailli, et il dut se trouver très-heureux de devenir le second secrétaire de M. Bernhard. Pour les plaisirs qui devaient l'assiéger il n'eut pas grande résistance à opposer, car ses plus grands excès consistèrent à se promener le matin sur les bords du Rhin — jusqu'au moment où il découvrit la demeure de Blanche.

Pour les filles d'Opéra, il n'y avait jamais eu d'Opéra à Ober-Wesel, et un jour qu'il passa des baladins, il s'avisa d'écrire une longue lettre à une sauteuse et de lui demander un rendez-vous auquel alla un homme à gros favoris noirs qui lui demanda pour qui il prenait sa fille.

— Certes, se disait-il tristement, les plaisirs ne m'assiégent pas de telle sorte que je ne puisse leur résister, et les filles d'Opéra ne me tendent pas autant de piéges que je le voudrais bien.

Néanmoins, cette idée l'avait long-temps tourmenté ; sa mère lui avait parlé de précipices sous des fleurs, mais cela ne lui prouvait qu'une chose, à savoir que sa mère, malgré son horreur pour les filles d'Opéra, ne pouvait nier que leurs piéges ne fussent cachés par des fleurs ; que pour que ce piége fût aussi prouvé que les fleurs, il faudrait qu'il fût avoué par un partisan, comme les fleurs l'étaient par un ennemi.

Puis il vint un moment où il ne s'occupa plus que de Blanche, — puis la fortune le hissa aux honneurs.

En réveillant ces souvenirs, le baron se rappela que, par un singulier hasard, il n'avait jamais goûté ce danger qui devait le poursuivre et qu'il n'avait pu atteindre ; il songea que c'était peut-être un plaisir qu'il ne connaissait pas, et pendant quelque temps il fut l'amant privilégié d'une jeune et belle danseuse.

XXVII.

Conrad donna une montre à la danseuse.
La danseuse la donna à sa femme de chambre.
La femme de chambre la donna à Athanase.
Athanase la garda.

Le baron la reconnut. — D'où as-tu ce bijou? dit-il.

— Ne m'en parlez pas, monsieur, dit Athanase, je voudrais le voir au fond de la mer.

— Vous êtes bien difficile, maître, dit le baron, il m'a pourtant coûté 150 bons florins.

— Et moi, dit Athanase, vous ne savez pas ce qu'il me coûtera plus tard.

— Non, dit le baron, mais je ne serais pas fâché de le savoir.

— Et moi, je ne serais pas fâché de le dire à votre excellence; on allége ses chagrins en les contant, et en parlant souvent de l'objet de sa crainte on finit par avoir moins peur.

— Parle.

— La femme de chambre de mademoiselle... se trouve être précisément cette Blanche, dont j'ai dit à votre excellence que j'étais persécuté ; quand elle m'a reconnu elle m'a baisé les mains et les genoux, j'ai été faible, j'ai rendu quelques caresses et accepté cette malheureuse montre, pour compter les heures pendant son absence.

— Elle est absente? dit le baron.

— Elle est allée chercher les papiers nécessaires pour notre mariage.

— Eh bien?

— Eh bien! comme je l'ai déjà dit à votre excellence, je ne l'aime pas et je fais un mariage de convenance.

— Diable ! mais vous tranchez du grand seigneur, vous êtes assez fat et assez impertinent.

Il faut remarquer ici que le baron tombait dans un lieu commun ; il est plus qu'assez usé et rebattu de se plaindre de l'impertinence et de la fatuité des grands seigneurs.

D'abord parce qu'il n'y a plus de grands seigneurs.

Ensuite, parce que leur impertinence, quand ils en ont, est modérée ou déguisée par les manières et l'éducation, et qu'elle est moins intolérable cent fois que celle d'un commis en nouveautés ou celle d'un maçon.

— Je ne sais, dit Athanase, mais je ne suis guère content.

— Je crois, maître Athanase, dit Krumpholtz, que vous abusez de ma crédulité, je ne savais pas que la femme de chambre que n'ai jamais regardée fût votre Blanche; mais vous passiez fort assidûment vos soirées auprès d'elle; qu'y faisiez vous?

— Nous causions, nous chantions.

Ce mot réveilla la manie de Krumpholtz qui demanda brusquement:

— Que chantiez vous?

— Toutes sortes d'airs.

— Encore?

— Des airs à deux voix ou à une seule, des airs d'opéras ou d'autres.

— Chante-moi un de ceux qu'elle chantait.

— Votre excellence m'excusera; mais il

me serait impossible de m'en rappeler une note.

— Essaie.

— Ce serait inutile.

— Je le veux.

Le baron dit ces mots d'un ton si voisin de la colère qu'Athanase, au hasard, commença le premier air qui lui vint dans la tête.

> Au Rhin, au Rhin, c'est là que sont nos vignes ;
> Qu'il soit béni le Rhin, qu'il soit béni le Rhin !

— Après, dit Conrad qui avait écouté sans respirer.

— Après, dit Athanase qui n'était pas en train de chanter, je n'en sais pas davantage.

— Tu mens ! dit Conrad.

Qu'Athanase mentît ou non, il valait mieux pour lui persévérer dans un mensonge qu'on ne pouvait prouver, et qui d'ailleurs n'avait aucune importance, que d'avouer qu'il avait menti, sans autre cause que sa mauvaise humeur.

Quoi qu'il en fût, il affirma qu'il n'en savait pas plus.

— Mais, dit le baron, ta maîtresse le sait.

— Je le crois.

— Tu dois en être sûr puisqu'elle le chantait.

— Je ne puis assurer à votre excellence, qu'elle chantait cet air ou un autre.

— Où est-elle?

— Dans son pays.

— Où est son pays?

— Je ne sais.

— Quand revient-elle?

— Dans un mois.

— C'est bien.

XXVIII.

Cette conversation, remit encore plus avant dans l'esprit du baron le désir, qui le tourmentait si fort, de retrouver Blanche, ou plutôt l'air qu'elle chantait.

— Car, se disait-il, Blanche, elle-même, ne me donnerait plus les émotions qu'elle m'a données autrefois, fût-elle toujours la même; il y a en moi comme un sens qui est mort.

Néanmoins, comme il ne voulait pas devenir fou, il ne manquait pas un jour d'Opéra, pour essayer de se mettre d'autre musique dans la tête ; mais chaque air nouveau ne le frappait que par une ressemblance ou une dissemblance avec celui qu'il voulait oublier; et ne servait qu'à le lui rappeler plus vivement.

— Un jour, il dit à Athanase, je m'ennuie, j'ai envie de retourner à Ober-Wesel.

Athanase voyait arriver avec effroi l'époque du retour de sa maîtresse, et il saisit avec empressement cette idée.

— Votre excellence ne saurait mieux faire, dit-il; voici l'hiver bientôt passé, ajouta-t-il avec emphase,—votre excellence assisterait *au réveil de la nature*, aux premiers *gazouillemens* des oiseaux.

— Je partirais sans aucun doute, si ta maîtresse était revenue.

— Eh! que diable veut-il faire de ma maîtresse, se demanda Athanase, s'il voulait me la prendre, jamais il n'aurait été si bien inspiré ; je lui ai vu de si fortes manies que je le crois capable de tout.

Mais, Conrad ajouta :

— A cause de cet air.

Prrrr..., dit Athanase, je gage qu'elle ne le sait pas plus que moi.

— Comment cela? dit le baron.

— C'est que, l'autre jour, j'étais si troublé de votre insistance pour me faire chanter un air, que je crains bien d'avoir pris celui-là au hasard, et de ne le savoir que pour l'avoir entendu fredonner à votre excellence.

— Allons à Ober-Wesel, dit le baron, d'un ton de résignation.

— Allons à Ober-Wesel, dit Athanase, d'un ton de triomphe.

XXIX.

A M. Athanase, chez M. le baron Krumpholtz.

De la Résidence.

J'arrive avec tous les papiers nécessaires pour notre mariage, et on m'apprend que vous êtes parti depuis cinq jours ; je ne suis pas assez injuste pour attribuer ce départ à votre volonté, je pense que vous aurez été forcé de suivre votre maître ; mais alors pourquoi ne m'avoir pas laissé une lettre pour me tranquilliser ?

Votre maître ne pourra vous refuser un congé de quelques jours, quand il saura que c'est pour vous marier.

Je vous attends donc, mon cher Athanase, avec une vive impatience dont je désire vivement que vous puissiez juger par la vôtre.

Blanche.

XXX.

A M. Athanase, chez M. le baron Krumpholtz.

·

De la Résidence.

Quinze jours sans me répondre! est-ce une insultante moquerie? et croyez-vous que je supporterai vos outrages sans chercher à me venger? j'ai de vous une promesse de mariage que je vais m'occuper de faire valoir en justice; mais ce n'est pas là ce qui doit vous inquiéter le plus. Attendez-vous de ma part à une éternelle persécution, à tout ce que le ressentiment d'une femme pourra imaginer de plus cruel.

Blanche.

XXXI.

Athanase fut très-effrayé.

D'un autre côté, l'ennui toujours progressif qu'éprouvait le baron achevait de détruire sa santé, et son état de souffrance augmentait son ennui.

Athanase, pendant la nuit, abattit la cabanc de chaume du parc; il bêcha la terre et y sema des ognons.

Il déroba le mouchoir bleu que son maître avait acheté de la tante de sa petite Blanche; un jour qu'il voulait aller visiter le rocher de Loreley, il brisa un des avirons du bateau.

Il paya les paysans, quand vint le jour de la naissance du baron, pour lui faire une *fête villageoise*.

Il écrivit à tous les amis du baron que la santé de son maître lui donnait de sérieuses inquiétudes, et que le pauvre baron avait besoin de distractions, de sorte que la retraite d'Ober-Wesel commença à être remplie de visiteurs. Pendant un mois, il fit croire à son maître que le cheval qu'il montait d'ordinaire était boiteux, et ne pouvait faire un pas hors du râtelier.

Chaque matin, quand le baron sonnait, il affectait de se récrier sur le changement de ses traits, sur sa pâleur, sur son air malade.

Jamais Conrad n'avait été aussi malheureux. Quand Athanase vit qu'il n'y pouvait plus tenir, il lui dit un jour :

— Mon cher maître, vous savez que les médecins vous ont conseillé de voyager.

— Et peut-être n'ont-ils pas tort, répondit le baron.

— Vous ne sauriez croire, mon cher maître, combien la chaise de poste vous est favorable; rien que dans les petits trajets que nous avons faits depuis quelque temps, à chaque relai vous paraissiez engraissé d'une demi-livre et rajeuni de deux ans.

— Parbleu! se dit le baron, je vais aller chercher la fin de mon air.

XXXII.

—Peut-être aussi trouverai-je Blanche.

Il est probable que je ne trouverai ni l'un ni l'autre; mais c'est un bon prétexte que je puis me donner pour voyager, c'est un moyen de me raccrocher à ma vie passée.

D'ailleurs je n'ai pas autre chose à faire ; si je ne m'amuse pas, au moins je changerai d'ennuis, et il me semble que la pensée du voyage me fait du bien.

Mais où irai-je?

Si je les trouve, il est probable que ce ne sera qu'après avoir parcouru auparavant tous les pays où ils ne sont pas.

Car il y a un sort funeste attaché à l'homme, qu'il ne dit ou ne fait une chose bonne qu'après avoir, sur le même sujet, épuisé tout ce qu'il y avait de mauvais à faire et à dire.

Aussi le passage que vous cherchez dans un livre, est-il toujours dans le dernier volume que vous feuilletez.

Quand les premiers physiciens et astronomes ont fait des observations sur la terre et sur le soleil, ils n'avaient à dire que deux choses :

La terre marche;

Ou le soleil marche.

Ils ont choisi le faux.

Ce n'est qu'après avoir épuisé tous les

contes possibles sur le phénix qu'on s'est avisé de découvrir que le phénix n'existait pas.

Quoiqu'il se dise quotidiennement un grand nombre de sottises, ce serait bien pis si ceux qui ont vécu avant nous ne nous en avaient dérobé une partie.

La vérité est une, le faux est horriblement multiple; chaque vérité n'existera qu'après que le faux aura régné, sous toutes ses formes et ses modifications, avec toutes ses divisions et ses subdivisions.

Faites à un homme la question la plus simple, il voudra y entendre de la finesse et il n'y répondra pas juste.

Demandez au milieu de dix personnes : Devinez ce que je vais mettre sur ma tête en sortant. Ce n'est qu'après de longues hésitations qu'une seule peut-être dira timidement : un chapeau. Il y en a neuf qui aimeraient mieux vous mettre sur le crâne les ruines d'Andernach.

Aussi, ajoute le baron, je vais, pour mon voyage, faire ce que je fais d'ordinaire lorsque j'ai un passage à chercher dans un livre ; je commence par le volume, que par mon premier mouvement et mon impulsion naturelle, j'allais feuilleter le dernier.

Naturellement je devrais commencer par l'Allemagne, la Suisse, l'Italie, la France, etc. ; je vais aller en France, puis en Italie et je reviendrai par la Suisse.

XXXIII.

Athanase, qui tremblait à chaque instant de se voir arriver une épouse par autorité de justice, hâta les préparatifs du départ avec une diligence inaccoutumée. La chaise de poste, qui eût exigé un mois de réparations s'il se fût agi d'un voyage désagréable à Athanase, se trouva prête en vingt-quatre heures. Pendant ce temps-là, Conrad fredonnait :

Au Rhin ! au Rhin ! c'est là que sont nos vignes ;
Qu'il soit béni le Rhin ! qu'il soit béni le Rhin !
Le pampre. . . . .
. . . .

Au Rhin ! au Rhin ! c'est là que sont nos vignes ;
Qu'il soit béni le Rhin ! qu'il soit béni le Rhin !
Le pampre. . . . .
. . . .

Au Rhin ! au Rhin ! c'est là que sont nos vignes ;
Qu'il soit béni le Rhin ! qu'il soit béni le Rhin !
Le pampre. . . . .
. . . .

La chaise de poste roula.

— Ah ! dit Athanase.

A quelques lieues d'Ober-Wesel, deux voitures s'arrêtèrent au même relai. La chaise de poste de Krumpholtz et une voiture publique dans laquelle était la maîtresse d'Athanase.

Athanase se cacha dans l'écurie tandis qu'elle attendait son tour pour payer sa place au conducteur, car en cet endroit on changeait de voiture. Ce petit retard semblait lui causer la plus vive impatience : elle frappait du pied et fredonnait un air entre ses dents pour dissimuler sa mauvaise humeur.

Athanase s'était blotti dans un râtelier, sous le foin; jamais il n'avait prêté autant d'attention à un air, car, de la fin de celui-ci dépendait sa libération. Enfin, le conducteur reçut l'argent de Blanche qui monta dans une carriole qui allait directement à Ober-Wesel. Athanase et Conrad se remirent en route du côté opposé.

XXXIV.

Qui n'a aucun rapport avec le reste du livre.

Entre autres choses que nous ne savons pas, il faut en première ligne mettre la géographie; notre ignorance sur ce point est telle, — qu'à Paris il nous serait bien difficile de nous transporter sans guide de la Chaussée-d'Antin à la rue du Bac.

Ainsi, pour suivre poste par poste le baron Conrad et son esclave Athanase, nous faudrait-il copier quelques pages d'un itinéraire ou d'un manuel géographique, ou faire des efforts de mémoire qui n'aboutiraient peut-être qu'à nous induire en quelque erreur qui nous exposerait au mépris des postillons ou des commis-voyageurs entre les mains desquelles le présent livre aura l'honneur de tomber.

C'est pourquoi nous allons les laisser faire leur chemin en vous avertissant seulement de temps en temps de ce qui leur arrivera de plus important, jusqu'au moment où il nous semblera bon de reprendre leur histoire, ce qui ne sera pas long, attendu que nous n'avons que quelques mots à vous dire, ô lecteurs, en dehors de notre narration.

L'an passé il nous prit fantaisie, un matin, d'aller passer la journée à quelques lieues de la ville; le lieu nous plut, nous y retrouvâmes de vieux amis à nous, pêcheurs et mariniers, et nous nous fîmes apporter notre hamac et deux gros clous, de telle sorte que nous fûmes trois mois sans rentrer à la ville.

XXXV.

En route Conrad prenait un bouillon dans sa chambre, et Athanase mangeait à table d'hôte, étonnant tout le monde par la franchise et le laisser aller de ses manières.

Un jour, il prit un chapon ; les voyageurs le laissèrent faire avec cette reconnaissance intérieure que l'on sent en voyage pour l'homme qui découpe.

En effet, avec une remarquable dextérité il enleva une aile, la remit sur le plat, et laissa sur son assiette le reste du chapon qu'il dévora en huit minutes.

XXXVI.

Suite du Chapitre xxxiv.

Quelques mois après, nous trouvant à cinquante lieues plus loin, il nous tomba dans les mains un exemplaire d'un journal où nous vîmes en petites majuscules :

UNE HEURE TROP TARD.
Par M. Alph. Karr.

Nous lûmes le journal, et, entre autres critiques littéraires, nous vîmes que l'auteur de l'article nous reprochait amèrement :

1° D'avoir passé l'été sur la rivière ;

2° D'avoir marché les pieds nus ;

3° Dans nos travaux de mariniers de porter une ceinture rouge ;

4° D'avoir des cheveux flottans ;

5° De conduire un bâteau gris.

Certes, nous ne nous avisâmes pas de révoquer en doute le droit que peut avoir l'illustre anonyme de trouver bon ou mauvais l'emploi que nous faisons de notre temps.

Loin de là, nous nous livrâmes à une douleur convenable d'avoir pu lui déplaire, et à notre retour nous nous présentâmes deux fois au bureau du journal accompagnés de notre ami M. Léon Gatayes pour tâcher de nous faire pardonner nos torts littéraires au moyen de quelques explications justificatives, et surtout de voir sur la tête de l'illustre anonyme à quelle longueur nous pourrions laisser croître nos cheveux.

Mais l'illustre anonyme se trouva être aussi inconnu aux garçons de bureau qu'à nous-même, et nous le prions de vouloir bien recevoir ici la justification que nous n'avons pu lui donner de vive voix.

1° L'illustre anonyme traite notre séjour sur la rivière d'inutile, nous compare, et termine la comparaison à notre désavantage, *aux robustes bateliers qui mènent une vie dure et hérissée de dangers entre leurs deux rives.*

Ici il commet une injustice assez grave, il n'aurait eu qu'à prendre quelques informations de plus et il ne nous aurait pas injustement blessé dans notre plus chère prétention.

Les mariniers, les pêcheurs et les bateliers qui nous entouraient, lui auraient confessé qu'aucun d'eux ne se croit plus habile que nous, et que plusieurs se glorifient d'être nos élèves.

Il aurait su que notre séjour sur la rivière est loin d'être inutile; que nous avons eu souvent le bonheur de prévenir des accidens funestes et que nous portons sur la poitrine une médaille en argent, avec cette inscription :

A

KARR

(ALPHONSE),

POUR AVOIR SAUVÉ,

AU PÉRIL DE SA VIE,

UN CUIRASSIER DU 2ᵉ RÉGIMENT

QUI SE NOYAIT.

CHALONS

(MARNE)

25 JUILLET 1829.

DÉCERNÉE

EN 1833.

Cela peut-être eût paru à l'illustre anonyme moins plaisant et moins condamnable.

2° Il nous sera facile de nous justifier de l'accusation de marcher les pieds nus, notre défense se divisera en deux points :

1ᵉʳ point. C'est un moyen que nous autres mariniers employons pour ne pas glisser et tomber dans la rivière dix fois par jour;

2ᵉ point. Un coup de vent avait enlevé nos souliers.

3°, 4°, 5°. Ici nous sommes heureux de pouvoir reconquérir l'estime de l'illustre anonyme en peu de mots :

3° Nous n'avons jamais porté qu'une ceinture bleue ;

4° Depuis que nous avons des cheveux, nous les avons toujours eus presque ras ;

5° Notre bateau était vert.

Il y a encore dans l'article une chose fort

adroite dont nous ne saurions trop remercier l'auteur.

L'illustre anonyme nous blâme fortement d'avoir fait de Maurice *un homme qui tourne à toutes les incertitudes comme une feuille tourne à tous vents* au lieu d'avoir réussi à en faire *un philosophe*. Certes, comme on n'a jamais reproché à un peintre de n'avoir pas réussi à faire rouge ce qu'il a jugé bon de faire bleu, on ne peut prendre ce reproche à la lettre; c'est un compliment d'une rare délicatesse; on ne pouvait plus agréablement nous dire que nous avions peint ressemblant. Et en effet, c'est un caractère bien marqué et bien fréquent sous nos pas que celui de cet homme qui voit toujours juste et qui agit toujours faux, qui dépense toute son énergie en résolutions qu'il n'a jamais la force d'accomplir; qui sait si l'illustre anonyme M. A. H. n'est pas lui-même un exemplaire de ce type.

Qui sait, si en commençant sa carrière

quasi littéraire de critique il ne se sera pas dit :

« Je serai honnête homme et homme honnête, je ne travestirai pas contre ma conscience ce que les gens font de bon et d'honorable, je ne ferai pas d'articles niaisement malhonnêtes, je ne me mêlerai pas, pour remplir mes colonnes, de la vie privée des gens, parce que cela ne me regarde pas et que c'est de fort mauvaise compagnie, et que les gens que j'attaquerais ainsi pourraient me prendre pour un polisson échappé de l'école, et injuriant tous les passans. »

Peut-être M. A. H. s'est-il dit tout cela et bien d'autres bonnes choses en dépendant.

Enfin, l'illustre anonyme paraît envier fort nos pantoufles de velours vert; si elles n'étaient complétement usées, et si nous avions pu trouver notre aristarque, nous nous serions empressés de les lui offrir comme un faible témoignage de notre admiration pour les chefs-d'œuvre qu'il ne peut manquer de faire quelque jour.

XXXVII.

Conrad s'étant endormi dans un fauteuil rêva qu'il se trouvait au temps de ses amours avec Blanche; il la revit svelte, légère, rougissant d'un mot, trouvant un jour entier de bonheur dans une couronne de bleuets; il était redevenu lui, ardent et timide à la fois; malheureux d'un nuage qui voile le soleil, et pourrait, s'il s'étendait et crevait en pluie, faire manquer un rendez-vous; heureux d'un regard et d'un sourire.

Il était près d'elle, derrière une courtine de noisetiers, lui parlant en paroles poétiques de son amour, de ses espérances, serrant ses mains si fort qu'on eût dit qu'il voulait réunir sa chair à la sienne, ses os à ses os, son sang à son sang.

Blanche était émue, et son fichu se soulevait bien fort.

Puis, tout à coup le regardant, elle partit d'un éclat de rire.

Lui, la voyant ainsi, se prit également à rire, mais à rire de telle sorte que tous deux se roulaient par terre.

Puis ils se mirent à culbuter et à sauter sur des œufs qu'ils s'efforçaient en vain de ne pas casser; ils cherchaient à voler, et se tenaient quelques temps en l'air mais retombaient toujours sur les œufs; puis, comme dans tous les songes, tout s'embrouilla, il se trouva beaucoup d'hommes et de femmes qui tous se riaient au nez, se montraient au doigt, et redoublaient leur gaieté moqueuse chaque fois que l'un d'eux retombait sur les œufs ; puis ils furent si nombreux, si pressés qu'on ne distinguait plus rien ; une voix claire au milieu du bruit commença les premières mesures de l'air : *Au Rhin !* Mais les rires devinrent si bruyans que Krumpholtz se réveilla.

— Voilà un singulier songe, dit Krumpholtz en se réveillant.

Un des voyageurs avait entendu son exclamation, et lui dit :

— Il paraît que vous avez fait un singulier songe !

— Très-singulier, dit Conrad.

— Y a-t-il de l'indiscrétion...

— Il y a de l'indiscrétion... allait répondre Conrad quand sa voix fut couverte par celle d'une femme qui dit :

— Sans faire de tort au songe de monsieur le baron.... j'en ai fait un que je considère comme des plus bizarres.

Conrad fut en lui-même flatté qu'on l'appelât monsieur le baron sans le connaître. Il paraît, se dit-il, que cela se voit à ma tournure et à mes manières.

Nous pensons qu'Athanase avait beaucoup aidé à la divination du titre de son maître.

La femme raconta son rêve; chacun l'interpréta à sa fantaisie; deux ou trois autres personnes aussi exposèrent leurs songes de la nuit, puis on en vint à de longues histoires de rêves qui s'étaient réalisés; le premier narrateur conta une histoire qui lui avait été racontée; on lui répondit avec incrédulité.

Le second raconta une histoire arrivée dans sa famille; on sourit.

Le troisième une anecdote de son père; quelques-uns ne sourirent plus.

Un quatrième ôta ses lunettes bleues et dit :

Messieurs, j'étais, comme la plupart de vous, incrédule ; j'aurais beaucoup ri si on avait prétendu m'expliquer un songe; mais un grand malheur qui m'est arrivé, et qui a rempli d'amertume une partie de ma vie, a singulièrement diminué mon incrédulité ; si vous n'avez rien de mieux à faire je vais vous raconter cette histoire.

On resserra le cercle, on jeta du bois au feu.

Le narrateur remit ses lunettes et s'empara des pincettes pour se donner une contenance.

XXXVIII.

Histoire du Voyageur aux lunettes bleues.

— Messieurs, je descends, et notre origine est bien prouvée, d'un des premiers chefs germains qui passèrent le Rhin pour s'établir dans les Gaules; plus tard quelques

sujets de mécontentement firent repasser le Rhin à mes ancêtres. . . . . . .
. . . .
. . . .

XXXIX.

L'Auteur.

C'est une terrible chose qu'un homme qui, par un artifice quelconque, a obtenu :

Le droit,

Le privilége,

Ou l'abus de se faire écouter, surtout s'il n'est pas sûr de retrouver deux fois les mêmes auditeurs, s'il les considère comme une proie qui va lui échapper, et si, par conséquent, il ne se voit aucun intérêt à les ménager.

Le voyageur aux lunettes bleues fit subir à ses auditeurs l'histoire de ses *aves, ataves* et *proaves* avec un aplomb et une ténacité imperturbables. Comme nous avons la prétention ou au moins un véhément désir de ne pas nous aliéner tout-à-fait nos lecteurs, nous leur épargnerons la plus longue partie de cette narration et nous les ferons immédiatement passer à l'histoire qui concernait réellement le conteur.

XL.

Suite de l'Histoire du Voyageur aux lunettes bleues.

— J'avais 23 ans; outre les avantages de la jeunesse, j'étais possesseur d'une assez jolie fortune et d'un avenir coloré des plus brillantes espérances; j'allais me marier à une femme dont j'étais idolâtre.

Il faut vous dire qu'elle le méritait:
Elle avait une taille de nymphe.
Des cheveux d'or,
Une bouche de rose,
Un teint de lait,
Des yeux adorables,
Un col charmant,
Une gorge divine,
Une main délicieuse,
Un pied....

Et l'expression manquant il posa sa main droite sur sa main gauche de manière à ne laisser voir que les deux premières phalanges des doigts, ce qui donnait au pied qu'il voulait décrire une longueur approximative de deux pouces.

— ... Enfin, ajouta-t-il, vous n'avez jamais rien vu de semblable.

Ma foi, dit en lui-même Krumpholtz, si cela ne ressemble pas à toutes les femmes cela ressemble du moins très-fort au portrait que fait chaque homme de sa maîtresse.

— Telle était Blanche, continua le conteur.

— Blanche! s'écria Krumpholtz.

— Blanche! dit plus bas Athanase qui apportait un verre d'eau à son maître et laissa tomber l'eau sur le baron.

— Maladroit! dit le baron.

Quand il fut sorti après avoir essuyé son maître.

— Ce drôle aurait mieux fait d'envoyer un garçon de l'hôtel.

— Ah! monsieur, dit une femme, on est bien malheureux avec les domestiques, j'ai été forcée d'en chasser un hier auquel je tenais beaucoup.

Ici l'homme aux lunettes bleues voyant l'interruptrice reprendre haleine pensa que c'était le moment de reprendre son histoire où il l'avait laissée; mais si la femme avait repris haleine c'était pour commencer elle-même une histoire; de sorte que tous deux croyant que l'autre céderait la parole, parlèrent ensemble pendant quelques minutes.

L'HOMME AUX LUNETTES.	L'INTERRUPTRICE.
Telle était Blanche. Nous allions nous marier, et l'attente d'un frère chéri retardait de quelques mois un instant que tous deux nous..	C'était un homme qui avait élevé mon frère, qui m'avait, toute petite, portée sur ses bras, et que mon père m'avait recommandé en mourant. Mais, messieurs . . . .

Ici tous deux voyant que l'autre ne cédait pas se mirent en devoir de se taire, mais tous deux voyant la parole libre s'en ressaisirent en même temps.

L'HOMME AUX LUNETTES.	L'INTERRUPTRICE.
que tous deux, sans me flatter, nous dé-	Ce malheureux était singulièrement adon-

sirions également. Je passais toutes mes soirées chez elles, et tout le monde dans la ville parlait de nous. . . . . né à la boisson ; il n'y avait pas un seul jour que Dieu fît, qu'il ne rentrât dans un état à faire. . . .

Alors les auditeurs s'interposèrent; quoiqu'on trouvât généralement qu'il avait abusé de la parole qui lui avait été octroyée, on ne voulait pas avoir essuyé en pure perte tout l'ennui qu'il avait donné, et on le pria de continuer son histoire; on remit du bois au feu, et il reprit:

— Et tout le monde dans la ville parlait de nous comme si nous avions déjà été époux.

Une nuit, je rêvai que je jouais sur le clavecin un petit air que j'ai toujours aimé.

— Monsieur, dit Conrad, quel était cet air ?

Le voyageur ne crut pas devoir répondre

à cette interruption, ou peut-être ne l'entendit pas, et continua :

—Chaque touche blanche que je frappais crevait sous mon doigt, et je me trouvais avoir cassé un œuf.

—Moi aussi, pensa Conrad, il y a dans mon rêve des œufs cassés.

—C'est un bien mauvais signe, dit l'interruptrice.

Le narrateur se hâta de ressaisir la parole; mais, pour se réconcilier avec cette femme, qui était encore assez bien de figure, il dit, en se tournant vers elle :

— C'est ce que me dirent le lendemain mes deux tantes; je n'en fis que rire, mais je fus bien puni de mon incrédulité.

—C'est un air qui vous portera malheur, mon neveu, me dirent-elles.

—Bah! repris-je, je le ferai chanter exprès le jour de mes noces.

Il faut vous dire que cet air n'était alors

nullement connu dans notre ville, et que c'était Blanche qui me l'avait appris.

Un soir, lorsque je sortais de chez elle, elle le joua sur le clavecin comme pour me dire adieu.

— Monsieur, dit Conrad, faites-moi, je vous prie, l'amitié de me dire quel est cet air.

Un chut universel lui imposa silence.

— Allons, pensa-t-il, je le lui demanderai quand il aura fini son histoire que le diable emporte.

— Je fus bien surpris, reprit l'homme aux lunettes bleues, quand j'entendis au bas de la maison une voix d'homme qui, s'accordant au clavecin, chantait le dessus de l'air. Un soupçon jaloux s'éleva dans mon cœur; naturellement violent, je m'approchai du quidam et lui demandai brusquement ce qu'il faisait là : il eut le malheur de me donner un soufflet, la colère m'emporta, je le saisis à la gorge et le tuai. — Le lendemain, la justice voulut instrumenter; mais j'avais été frappé le premier, j'étais dans un cas de légitime défense, et il n'y avait rien à me dire ; mais cet homme que j'avais étranglé était le frère de ma maîtresse, et il me fallut renoncer à elle.

A ce moment un homme entra qui demanda une place au coin du feu.

L'homme aux lunettes bleues changea de couleur, se leva et sortit précipitamment. Conrad voulut l'arrêter, mais il se détourna à temps pour ne pas être renversé par la brusque sortie du narrateur.

—Il a tort, dit le dernier venu, je ne lui en veux nullement, et n'ai, en aucune façon, l'intention de l'effrayer.

— Vous connaissez ce monsieur? dit Conrad.

— Je suis le frère d'une femme qu'il a failli épouser.

—Quoi! dit l'interruptrice en reculant sa chaise, c'est vous ce frère qu'il étrangla?

—Non pas que je sache, dit l'inconnu.

On le mit au fait; il rétablit un peu les choses. Dans la soirée où il était revenu sans avoir prévenu personne, la question impertinente de l'homme aux lunettes bleues l'avait porté à lui donner un soufflet, après lequel l'homme aux lunettes s'était enfui en criant au secours. Cette anecdote l'avait rendu si ridicule aux yeux de sa sœur, qu'elle avait refusé de conclure un mariage qui lui déplaisait et pour la rupture duquel elle se trouva très-heureuse de rencontrer un prétexte.

—Quoi qu'il en soit, dit la femme qui avait déjà beaucoup parlé, il n'en est pas moins vrai que le rêve n'avait pas menti, et que cet air lui a porté malheur : certes, pour rien au monde je ne voudrais rêver d'œufs cassés.

Conrad ne put résister à l'envie de raconter le songe qu'il avait fait.

—Il n'y a rien de plus clair que ce songe, reprit-elle : cela signifie que vous deviendrez amoureux d'une danseuse qui vous ruinera.

—Ou plutôt, dit un voyageur, que vous serez ruiné par le jeu.

—Ou plutôt par un procès, dit un troisième voyageur.

—Mais cependant, reprit la femme, monsieur a rêvé aussi qu'il avait des ailes et volait, et personne ne peut nier que ce soit un bon signe.

—Cela s'applique très-bien à ce que je disais, répliqua le dernier interlocuteur; monsieur, comme tous les joueurs, sera jeté dans le gouffre.

— Dans l'abîme, reprit la femme.

— Dans l'abîme sans fond, dit un autre.

— Sera jeté dans le gouffre par quelques chances heureuses qui l'aveugleront.

—Mais, dit le premier voyageur, cela peut encore s'appliquer à ce que je disais : c'est pour s'élever et s'enrichir que monsieur intentera un procès qui le ruinera.

—Mais aussi, dit la femme, cela s'applique encore mieux à mon explication ; c'est au milieu des plaisirs les plus vifs, au moment où il se croira au septième ciel, dans les bras de sa danseuse, que cet infortuné sera trahi : voilà ce que signifie le songe.

—Monsieur, dit Athanase, votre songe est un songe, et ne signifie rien du tout.

—Je crois que tu as raison, dit le baron.

XLI.

— Parbleu! se dit Conrad en montant l'escalier pour aller se coucher, j'aurais bien pu demander à l'inconnu qui a mis notre narrateur en déroute, quel est cet air qu'il chantait sous la fenêtre de sa sœur.

Mais j'ai un autre moyen de le savoir, je le demanderai au conteur lui-même...

Puis parlant haut... et continuant ce qu'il se disait à lui-même.

— Athanase, dit-il, demande où est *sa* chambre.

Athanase fut quelques instants sans comprendre, puis il dit : « C'est étonnant ! » sortit, et rentra après dix minutes pour dire à son maître :

— *Au bout du corridor, la porte en face de l'escalier.*

— Bien! dit le baron; et, pensa-t-il, j'irai aussitôt qu'il fera jour.

— C'est étonnant! dit Athanase en saluant son maître; je n'aurais pas cru cela de mon maître.

Mais, quand on n'entendit plus aucun bruit dans l'hôtel, quand il eut vu éteindre même les lanternes des garçons d'écurie, Krumpholtz se leva; et, tout en tâtonnant, prit le chemin du corridor; car l'idée de cet air l'empêchait de dormir, et il voulait prier l'homme aux lunettes bleues de le lui chanter... d'autant qu'il se rappela que les voyageurs devaient repartir dans la nuit. Conformément aux instructions d'Athanase, arrivé à la porte qui faisait face à l'escalier, au fond du corridor, il frappa doucement ; une voix repondit bas :

— Qui est là ?

— Il paraît qu'il attend quelqu'un, dit Krumpholtz ; pour ne pas le tromper, je vais me nommer.

Baron Krumpholtz !

Et il frappa plus fort.

— Au secours ! au secours ! cria une voix de femme sur le ton le plus aigu.

Krumpholtz s'enfuit ; mais au lieu de prendre son corridor il en prit un autre, puis un autre ; la voix criant toujours *au secours !* il trouva une porte ouverte, et entendant derrière lui les pas des palefreniers qui cherchaient la cause de ce tumulte, il se jeta dedans et s'enferma dans la chambre, où un lit défait indiquait que la personne qui l'habitait venait d'en sortir.

En effet, une servante de l'hôtel, qui la première s'était levée au bruit, ne tarda pas, quand on eut persuadé à la voyageuse qu'elle avait rêvé, à revenir trouver son lit; mais elle trouva la porte fermée et essaya en vain de l'ouvrir.

— C'est singulier, disait-elle au milieu de ses efforts infructueux, il me semblait bien avoir mis la clef en dehors.

Cependant Conrad se gardait bien de faire le moindre bruit : qu'on juge de l'effroi de la pauvre fille si elle eût vu sortir de sa chambre un homme aussi peu vêtu que l'était le baron; les cris auraient recommencé de plus belle, et il eût été difficile à Conrad de donner des raisons plausibles de son séjour dans cette chambre.

La fille, qui n'était pas mieux vêtue que lui, prit le parti d'aller en bas chercher une double clef. Conrad écoutait le bruit de ses pas qui s'éloignaient, pour s'échapper et retourner à sa chambre. Quand il n'entendit plus rien, il ouvrit doucement la porte et sortit; mais à peine avait-il hasardé quelques pas que la voix retentissante du conducteur de la voiture ébranla les corridors, et qu'il vint à chaque porte éveiller ses voyageurs. Conrad retourna sur ses pas et se renferma encore dans la chambre.

Quelques-uns des voyageurs ne tardèrent pas à se lever et à sortir de leurs chambres; la servante qui revenait presque nue voyant du monde levé se réfugia chez une autre servante.

—Allons, Charlotte! cria le conducteur en frappant à la porte, vous n'êtes pas encore levée, paresseuse? vous perdrez vos pourboires; tant pis pour vous.

Conrad ne bougea pas.

— Allons, Charlotte! dit le conducteur en frappant plus fort, il faut vous lever, ma fille ; je n'ai pas bu mon vin blanc, et nous allons partir.

Comment se fait-il qu'elle ne réponde pas? dit-il à des voyageurs qui s'étaient approchés.

— Elle est peut-être malade, dit quelqu'un.

—Elle qui est toujours la première levée, ajouta le conducteur.

— C'est qu'elle est malade.

— Charlotte ! cria le conducteur, Charlotte ! et il frappait à disjoindre les planches de la porte; Conrad se tint coi.

Mais le conducteur regarda à sa montre, et dit à ses voyageurs : Il faut partir.

Il écouta: — Tenez, dit-il, voici l'autre voiture qui arrive, et nous devons garder trois heures d'avance sur elle : partons.

Quand la voiture roula, les gens de la maison frappèrent à la porte ; mais Charlotte, vêtue d'un jupon d'emprunt, vint les rassurer. Cependant il fallait ouvrir la chambre : la double clef ne pouvait tourner, parce que Conrad avait glissé une petite pierre dans la serrure.—Il faut la jeter en dedans, dit un palefrenier, et il alla chercher un gros maillet.

Conrad alors songea que les explications qu'il allait donner ne seraient pas crues : il prit le parti d'ouvrir la porte, et de regagner gravement son lit—au milieu des trois ou quatre servantes qui attendaient le palefrenier, sans prononcer une parole.

o

XLII.

Athanase attendait son maître et cherchait dans sa tête un moyen de l'engager à partir tout de suite, au lieu de ne se mettre en route qu'au milieu de la journée comme il en avait l'intention.

Krumpholtz en entrant lui dit : Athanase

des chevaux dans une demi-heure et un bon pour-boire au postillon, je suis pressé.

— Dans dix minutes, dit Athanase.

De cette manière je le rattraperai, se dit Conrad songeant à l'homme aux lunettes bleues et à son air.

De cette manière elle ne nous rattrapera pas, se dit Athanase songeant à sa maîtresse qu'il avait vue dans la chaise de poste qui venait d'arriver avec l'actrice et le successeur du baron.

— Il alla à la poste et demanda combien il y avait de chevaux.

— Huit.

— Je les prends tous.

— Combien donc êtes vous?

— Mon maître et moi.

— Alors vous avez assez de deux chevaux.

— Cela ne vous fait rien si je paie les huit chevaux.

— Comme vous dites, cela ne me fait rien si vous les payez, seulement s'il arrive d'autres voyageurs ils attendront jusqu'à demain.

— C'est bien comme cela que je l'entends, dit Athanase.

Les huit chevaux attelés à la chaise de poste du baron encombraient la cour de l'hôtel.

— Que signifie cet attelage? demanda Conrad.

— Votre excellence m'a dit qu'elle voulait aller très-vite.

— Tu es fou! on n'a jamais vu une chaise ainsi traînée.

Mais Athanase savait bien ce qu'il faisait, l'actrice et son amant, et par conséquent sa persécutrice ne pourraient, faute de chevaux, continuer leur route que le lendemain, et il gagnait ainsi sur elle vingt-quatre heures.

Je ne sais pourquoi, disait le baron, j'ai

dans l'idée que l'air de l'homme aux lunettes bleues est l'air que je cherche.

Au Rhin! au Rhin! c'est là que sont nos vignes;
Qu'il soit béni le Rhin! qu'il soit béni le Rhin!
Le pampre. . . . .
. . . .

XLIII.

Ils vont, ils vont.

Mais l'homme aux lunettes bleues ne se retrouve pas.

Il s'est arrêté en route.

Il a pris un chemin de traverse.

Il est monté dans une autre voiture.

Quand le baron voit un homme avec des lunettes bleues, il fait arrêter ; ceux mêmes qui portent des lunettes vertes sont soumis à son investigation.

La difficulté de le retrouver grossit à ses yeux l'importance de réussir ; après quatre jours, il ne doute plus que cet homme ne sache son air.

XLIV.

— Est-il descendu dans cet auberge un homme avec des lunettes ?
— Oui, monsieur.
— Des lunettes bleues ?
— Oui, monsieur.
— Un homme de petite taille ?

— Précisément.

— Où est-il?

— Parti.

— Que ne le disiez-vous plus tôt?

—Que ne le demandiez-vous tout de suite?

— Où va-t-il?

— Je ne sais, mais la voiture qu'il a prise couche à cinq lieues d'ici.

— Partons.

Les roues brûlent le pavé.

Nous avons bien cinquante lieues d'avance, murmure Athanase avec un air de ravissement.

— Est-il descendu dans cette auberge un homme avec des lunettes?

— Quatre monsieur.

— Des lunettes bleues?

— Il y a un monsieur qui a des lunettes bleues.

— Un homme assez petit?

— Oui, monsieur.

— Peut-on lui parler?

— Non, monsieur.

— Pourquoi cela?

— Parce qu'il dort.

— Sitôt qu'il sera réveillé, dites-lui que le baron Conrad Krumpholtz désire lui parler.

Deux heures après un petit homme en lunettes bleues entre chez le baron en saluant jusqu'à terre.

— Je me rends aux ordres de monsieur le baron, j'ai à son service des bas de soie et de coton.

— Malédiction! dit le baron, ce n'est pas lui.

— De filosel et de fil d'Écosse.

— Aussi, pourquoi m'imaginer qu'il n'y a qu'un homme en lunettes bleues!

— Blancs, écrus, et de couleur; des gants et des caleçons de tricot, des bonnets de soie et de coton, des gilets de laine et de flanelle, des chaussons tricotés, des jarretières, des bretelles, des cols, des chemises, en percale, en toile, en toile de Hollande, des jabots en valenciennes, en malines; des foulards, des mouchoirs de poche, des cravates blanches, des cravates de couleur, et généralement tout ce que peut désirer monsieur le baron.

XLV.

Krumpholtz en route se trouva si malade qu'il fut obligé de s'arrêter quelques jours.

Le sang lui était monté à la tête d'une manière effrayante; ses yeux étaient rouges, son visage violet et ses lèvres bleues; il se faisait dans sa tête et dans ses oreilles un bourdonnement inintelligible.

Puis, les grelots des chevaux, le bruit des roues s'harmonisèrent pour lui seul, avec le souffle du vent dans les jeunes feuilles, il lui sembla entendre comme une céleste musique produite par une orgue dans une église à quelque distance; la musique devint plus claire.

Et, les yeux fixes, il écoutait ; mais, partout autour la plaine était unie et nue et il n'y avait ni église ni maison.

Il entendit de ravissantes harmonies qu'il n'avait jamais entendues, et dans ces harmonies la traduction de ces pensées insaisissables, de ces rêves ineffables que fait le poète dans les momens où il jouit de sa seconde vue; la traduction de tout ce que le poète a senti sans pouvoir se l'exprimer à lui-même.

Puis, l'orgue avec des modulations plus suaves joua l'air :

Au Rhin! au Rhin! c'est là que sont nos vignes;
Qu'il soit béni le Rhin! qu'il soit béni le Rhin!
Le pampre. . . . .
. . . .

La voiture s'arrêta, Krumpholtz restait le cou tendu, les yeux fixes, écoutant.... Athanase le fit mettre au lit.

Il se trouvait là deux médecins.

Ils tombèrent d'accord que le baron était menacé d'une fièvre cérébrale.

Mais ils ne tombèrent pas d'accord sur le traitement.

L'EXPÉRIENCE, dit l'un, m'a prouvé qu'il faut dans ce cas une prompte application de sangsues et un peu de repos.

L'EXPÉRIENCE, dit l'autre, m'a prouvé qu'il faut dans ce cas saigner immédiatement aux pieds, et se livrer à quelque violent exercice.

Athanase fit prendre un bain de pied à

son maître, et ils se remirent en chemin à petites journées.

La voiture où étaient l'actrice, son amant, et la maîtresse d'Athanase les devança sur la route.

XLVI.

Paris, *Moniteur* du 17.

« Hier est passé en poste, à Châlons-sur-Marne, M. le baron Conrad Krumpholtz, se rendant à Paris. »

XLVII.

Un journal du 18.

« Avant-hier est passé en poste, à Châlons-sur-Marne, M. le baron Conrad Krumpholtz, se rendant à Paris. On pense que ce diplomate est chargé de quelque mission importante. »

XLVIII.

Un autre journal du 19.

« Il y a deux jours, est passé en poste, à Châlons-sur-Marne, M. le baron Conrad Krumpholtz, se rendant à Paris. Ce diplomate, chargé d'une mission de la plus haute importance, va probablement donner une impulsion à notre cabinet. »

XLIX.

Un autre journal du 20.

« Hier est arrivé en poste, à Paris, M. le baron Conrad Krumpholtz. Espérons que ce diplomate ne trahira pas la cause de l'émancipation des peuples; la mission dont il est chargé est d'une importance telle que nous croyons devoir ne pas encore trahir le secret. »

L.

Un autre journal du 21.

« Avant-hier est arrivé en poste, à Paris, M. le baron Conrad Krumpholtz. Ce diplomate est chargé d'une mission tellement importante qu'on s'efforce de n'en rien laisser transpirer ; néanmoins, bien informés comme toujours, nous trahirons ce secret s'il en est besoin.

» Espérons que M. Krumpholtz ne se laissera pas entraîner dans le camp de l'anarchie révolutionnaire. »

LI.

Un journal de modes du 30.

« On porte beaucoup de bottes à la Krumpholtz, à l'imitation du diplomate allemand dont l'arrivée a mis en émoi toutes les feuilles politiques.

» Hier, une rencontre a eu lieu à Montmartre entre M. ***, rédacteur d'une feuille ministérielle, et M. ***, rédacteur d'une feuille de l'opposition. Le sujet de ce duel étaient deux articles où chacun traitait de *bévues* les causes que l'autre assigne à l'arrivée de M. le baron Conrad Krumpholtz.

» Après avoir *échangé deux coups de pistolet, les témoins, ayant déclaré l'honneur satisfait, les deux adversaires se sont séparés en se donnant des marques d'une estime réciproque.* »

LII.

Au Rhin! au Rhin! c'est là que sont nos vignes;
Qu'il soit béni le Rhin! qu'il soit béni le Rhin!
Le pampre. . . . .
. . . .

. . . .
Le pampre. . . . .

. . . .
. . . . Qu'il soit béni le Rhin !
Le pampre. . . . .
. . . .

Le pampre. . . . .
. . . .

Conrad avait beau fredonner son air tout le jour, aller tous les soirs à l'Opéra, puis aux Italiens, puis à l'Opéra-Comique, puis à tous les théâtres où l'on chante; il avait beau s'arrêter aux joueurs d'orgue, descendre de voiture, se mêler à la foule, se faire voler, un jour son mouchoir, un autre jour sa montre, un autre jour sa bourse, il lui fallait toujours s'arrêter à ce fa...

Pour Athanase, malgré ses précautions, Blanche l'avait retrouvé à Paris et voulait absolument se faire épouser; l'actrice qu'elle accompagnait avait quitté Paris, et la pauvre fille avait refusé de quitter Paris, où elle vivait de quelques économies, et de la vente du petit nombre de bijoux qu'elle possédait.

— Ecoute, lui dit Athanase, je ne t'épouserai pas, c'est une promesse sur laquelle tu peux compter ; mais je ne refuse pas de te voir de temps en temps, pourvu que monsieur le baron ne s'aperçoive de rien. Viens quand tu voudras, le soir, fais-toi entendre dans la cour, et je viendrai t'introduire.

Un jour, Krumpholtz était entré par hasard dans un café et parcourait les journaux, puis il vint à lever les yeux — et à travers les vitres, il vit les arbres chargés de poussière du boulevard se découper sur un ciel d'un bleu pur.

Il soupira.

— Allons, dit-il, je ferais mieux de retourner à Ober-Wesel, errer encore sur les bords du Rhin ; le rocher de Loreley doit avoir aujourd'hui un aspect noble et imposant.

Mon Dieu! qu'il est triste de ne pas vivre et de ne pas mourir, d'avoir une partie de soi qui survit à soi-même. Heureusement, dit-il en regardant dans une glace ses joues horriblement creuses, la véritable mort ne tardera guère, et celle-là finit tout! Je ne pourrai plus, comme à présent, pleurer sur mon tombeau.

Oh! un jour, une heure de cette vie que je vivais à vingt ans! une heure de mes croyances, de mes rêves! une heure de mes chagrins d'alors, et ensuite la mort avec la plus terrible agonie!

Qu'est-ce donc que la vie?

Pendant la première moitié on ne vit pas encore, puis on commence à mourir.

En proie à ces tristes pensées, Conrad laissa tomber sa tête sur sa main et son coude sur la table.

Mais au lieu de mettre le coude sur la table, il le mit dans la tasse de chocolat d'un voisin.

Au jurement du voisin il se retourna.

—Ah! monsieur, dit-il, je suis enchanté de vous rencontrer!

—Monsieur, répondit le voisin, je ne vous ferai pas le même compliment.

LIII.

Le voisin n'était autre que l'homme aux lunettes bleues.

— Monsieur, dit Conrad, je ne saurais vous exprimer combien je suis heureux de vous voir.

— Monsieur, je vous en dirais sans doute

autant si vous n'aviez renversé mon chocolat jusqu'à la dernière goutte.

— Aussi, vous prierai-je instamment de me faire l'honneur de déjeuner avec moi.

—J'accepte d'autant plus volontiers que je ne suis pas bien sûr de posséder assez d'argent pour prendre une autre tasse de chocolat de mes deniers.

Après qu'un excellent déjeuner fut terminé :

—Ah ! monsieur, dit l'homme aux lunettes bleues,..... avait bien raison.

— Et que disait.....?

—Un jour qu'on représentait un de ses opéras, on ne put trouver ni lui ni la partition ; les spectateurs s'impatientaient. Après d'infructueuses recherches, on le déterra enfin dans le *deuxième dessous* du théâtre, ivre au-delà de toute expression et dormant de tout son cœur ; on le tira de là comme on put, et, en l'accablant de reproches, on le mit dans un coin.

L'opéra eut un succès prodigieux ; on applaudissait, on trépignait, on criait. C'est une belle chose qu'un succès au théâtre, monsieur! non pour les causes, car c'est au théâtre que l'on voit, bien plus encore que partout ailleurs, applaudir avec frénésie les plus misérables productions ; c'est une belle chose qu'un succès au théâtre ! les applaudissemens font tressaillir la moelle des os.

Malheureusement il faut rire plus tard des applaudisseurs et de soi-même.

Le succès de ..... était juste et mérité, les spectateurs étaient sortis, que la salle vibrait encore du bruit de leur enthousiasme. Les acteurs en foule l'entourèrent pour le féliciter.

—Sacredieu ! messieurs, dit-il en sortant de son assoupissement, ce n'est pas en buvant de la limonade que l'on fait de la musique comme celle-là.

—Êtes-vous donc musicien? dit Conrad.

—Oui, monsieur.

— Vous rappelez-vous notre première rencontre?

—Oui, monsieur, dit l'homme aux lunettes bleues, un peu embarrassé.

—Eh bien! rendez-moi le service de me chanter l'air qui causa votre brouille avec votre maîtresse.

—Volontiers, mais je ne puis le chanter ici; si vous voulez monter chez moi, je demeure près d'ici, je serai enchanté de vous être agréable.

Le baron tressaillit d'impatience; jamais la dame de comptoir n'avait été aussi long-temps à faire une carte, jamais les garçons n'avaient été aussi long-temps à rendre la monnaie.

Arrivé chez lui, l'homme aux lunettes bleues demanda à sa portière s'il était venu quelqu'un pour lui, elle répondit aigrement qu'elle n'avait pas fait attention.

—Il n'est pas venu de lettres, madame?

dit humblement l'homme aux lunettes bleues.

— Je n'en reçois plus, dit la portière encore avec plus d'aigreur.

Il entra dans la loge, pour ne pas lui donner la peine de se déranger, et prit lui-même sa clef.

C'était un pauvre garçon que l'homme aux lunettes bleues ; il s'était figuré qu'il était artiste et qu'il avait du talent ; il avait quitté une place dans le fisc pour se livrer à la musique, et supportait avec un admirable courage toutes les angoisses de la pauvreté, en attendant qu'une chance favorable vînt mettre au jour son génie et sa personne ; la seule dépense qu'il se permît, quand il pouvait la faire, était d'aller prendre au café une tasse de chocolat, pour lire les journaux et se mêler à un monde dont il était exclu par sa pauvreté.

Malheureusement il n'avait ni génie ni talent, et, comme tant d'autres victimes des mêmes illusions, il était condamné à vivre et à mourir, rêvant toujours une gloire et une fortune qui n'arriveraient jamais.

Sa portière surtout était pour lui la personnification du mal; elle le tenait en haut mépris et ne recevait plus ses lettres depuis qu'un jour il n'avait pu rembourser le port d'une — immédiatement; elle ne répondait pas aux personnes qui venaient le demander, et plus d'une fois ainsi lui avait fait perdre des leçons de musique qui l'auraient aidé à vivre.

Il n'osait non plus se plaindre au propriétaire, car il devait deux trimestres de loyer et n'était pas bien sûr que sa plainte ni sa visite fussent bien accueillies.

Son tyran avait une horrible habileté pour discerner si la personne qui venait le demander était un créancier, et alors, eût-il fait défendre sa porte, elle le laissait monter.

Et ne croyez pas que ceci soit une exagération de l'auteur, il n'y a pas une seule maison dans tout Paris peut-être où il n'y ait un tel tyran et une telle victime.

Et l'auteur lui-même, à une époque de sa vie qui n'est éloignée que de quelques années, a eu à souffrir ainsi plus qu'on ne le saurait dire.

LIV.

L'homme aux lunettes bleues n'avait qu'une seule chambre meublée de quatre murailles, d'un lit de sangle, d'une chaise et d'un violon.

Quand la porte fut fermée :

— Monsieur, dit Conrad, faites-moi

le plaisir de me chanter l'air en question.

—Volontiers! dit le musicien.

Et après avoir accordé son violon, et s'être permis un prélude d'une certaine longueur, il chanta assez mal, en s'accompagnant médiocrement, la ronde

Komm, lieber mai, und mache....
Reviens cher mois de mai, etc.

dont nous avons parlé ailleurs.

Dès les premières notes, le baron l'avait arrêté de la main, en disant d'un ton de découragement :

—Ce n'est pas cela.

—Si fait bien, monsieur, avait répondu le musicien.

Et il avait continué et fini son air sans que le baron songeât davantage à l'arrêter.

—Où diable ai-je été rêver, pensait Conrad, que cet air devait être le mien.

Monsieur, dit-il au musicien, quand il eut fini, je vous fais bien des excuses ; ce que j'ai à vous dire va vous paraître étrange et extravagant... mais comme j'ai ma folie, vous avez peut-être la vôtre, j'aime à croire que chacun a la sienne : je cherche la fin d'un air dont je ne puis me rappeler que le commencement, et je ne sais pourquoi j'avais imaginé que l'air dont vous aviez parlé pourrait être celui-là.

—Qui sait, monsieur, je sais peut-être votre air; j'ai habité votre pays plusieurs années, et je ne crois pas qu'un autre vivant ait autant que moi d'airs de toute sorte dans la tête.

Conrad chanta le commencement de son air, mais le musicien ne l'avait jamais entendu.

—Si vous aviez le temps, j'ai là plein une énorme malle des airs les plus vieux de toute l'Allemagne, et nous trouverions peut-être ce qu'il vous faut.

— Dites-moi l'heure qu'il est, dit le baron.

— Je n'ai ni montre ni pendule.

— Rendez-moi le service de demander par la fenêtre à votre portière.

Cette proposition le glaça ; sa portière ou ne lui répondrait pas, ou lui répondrait une impertinence, et l'idée de cette humiliation devant son hôte lui fit monter le rouge au visage, néanmoins il ouvrit la fenêtre.

La portière était précisément dans la cour; il n'y avait pas moyen de dire à Conrad, *elle ne m'entendrait pas.*

Heureusement une femme traversait la cour, c'était une des plus riches locataires de la maison. Je suis sauvé, pensa l'homme aux lunettes bleues, et il appela la portière et lui demanda l'heure qu'il était, elle n'osa prendre sa voix aigre devant la femme qui traversait la cour, et répondit au contraire d'une voix doucereuse, 2 heures.

— Il faut que je parte, dit le baron, mais

si vous en aviez le temps, vous seriez bien bon d'accepter une proposition que j'ai à vous faire.

— Chacun vit de son métier; je vous promets que je ne fais pas de la diplomatie pour rien, il n'est pas juste que vous fassiez de la musique gratis : si vous voulez faire transporter cette musique chez moi et venir m'en jouer une partie tous les matins, nous y trouverons peut-être l'air que je cherche; je vous offre dix florins par jour.

Le musicien s'inclina, cette proposition lui paraissait un rêve.

— Et je vais vous payer un mois d'avance si vous voulez me le permettre.

Conrad mit six cents francs sur le lit de sangle, puis sortit en laissant son adresse au musicien ébahi.

Conrad, qui avait été pauvre long-temps — avait compris cette pauvreté.

Au bout de huit jours ils eurent épuisé la musique, Conrad déclara qu'il ne voulait plus entendre de musique d'aucune sorte ; tous les musiciens ambulans qu'il attirait d'ordinaire dans la cour de l'hôtel par ses largesses furent consignés ; il cessa d'aller au théâtre, et se laissa inviter dans quelques salons, sous la condition qu'on n'y ferait pas de musique.

LV.

A une des soirées où il consentit à paraître, plusieurs diplomates entreprirent de lui faire dire la véritable cause de son voyage à Paris; Conrad ne donna pour raison que sa santé qui était évidemment mauvaise et qui chaque jour s'affaiblissait. Puis on vint à agiter les plus hautes questions politiques et sociales, à parler des intérêts des divers rois et des divers peuples — du passé, du présent et de l'avenir de chaque nation ; chacun mettant, comme il est d'usage, le bien public en avant comme le seul but et le seul mobile de ses actions et de son ambition.

Dès le commencement de la conversation, Conrad s'était trouvé assis près d'un clavecin, et, sans intention, sans même s'en apercevoir n'avait pas cessé de jouer avec un doigt un air, s'arrêtant toujours au fa et recommençant toujours pour s'arrêter encore.

Cette musique devint si insupportable, si agaçante, que plusieurs se levèrent et s'en allèrent sous différens prétextes.

Pour Conrad, il réveillait ainsi des souvenirs qui finirent par l'absorber entièrement, de sorte qu'il ne s'aperçut pas rester seul avec le maître de la maison qui, lui adressant plusieurs fois la parole sans qu'il répondit, finit par prendre une flûte et jouer de son côté les quelques notes que jouait le baron; le désaccord des deux instrumens réveilla Conrad.

— Ah! monsieur, dit-il, est-ce que vous savez la fin?

— Non, monsieur, dit le maître de la maison, et vous?

— Ni moi non plus, monsieur, répondit Conrad.

LVI.

Je n'irai pas en Italie, se dit-il; ici en France je n'ai entendu que de la musique italienne.

Dans tout ce qu'on écrit on me fatigue de descriptions de l'Italie, et aussi de l'Espagne. Il n'y a pas un méchant faiseur de vers, amant de sa blanchisseuse, à laquelle il ne suffit pas, qui ne cesse de réclamer *un ciel bleu, des femmes lascives, des femmes italiennes,* — *aux yeux noirs,* — *aux cheveux noirs.* —

Qui ne demande à cor et à cri Saint-Pierre de Rome, la colonne Trajane, le Vatican, et les Villa, tandis qu'ici, n'allant jamais à l'église, il passe ses jours et la moitié de ses nuits dans de sales estaminets.

Ecoutez-les, ils vous rompront les oreilles : « Oh ! donnez-moi des femmes espagnoles aux combats de taureau ! oh ! donnez-moi des tauréadores, et des taureaux mugissans ! » Et si dans les rues, il vient à passer près d'eux une vache boiteuse que l'on mène au marché, ou un bœuf mutilé aux abattoirs, ils cachent précipitamment le cordon de leur montre qui a un liseré rouge, pour ne pas irriter l'animal. Je n'irai pas en Italie, on m'a trop ennuyé d'enthousiasme à froid sur elle ; on m'a trop fait de *pathos* et de galimatias : je vais retourner mourir aux lieux où j'ai senti la vie, à Ober-Wesel, où j'ai vu Blanche, où l'herbe s'est courbée sous ses pieds.

Qu'ai-je fait de ma vie, que me reste-t-il à attendre ou à espérer ?

Si je ne sentais chaque jour la vie s'éteindre en moi, il faudrait en sortir violemment; c'est un supplice trop cruel que l'ennui et le découragement, c'est un supplice plus horrible cent fois que tous ceux que l'imagination des prêtres et des poètes a jamais pu créer, pour effrayer les vivans en leur parlant d'un autre monde. Mon corps n'est plus pour moi — qu'un poids fatigant à traîner, et mon ame s'y trouve mal à l'aise, comme un fiévreux qui s'agite dans son lit sans pouvoir trouver une position où il souffre moins.

Je ne puis me livrer à rien de ce qui, pour les autres, est appelé plaisir, sans que l'ennui, — comme un horrible squelette, vienne de sa main froide arrêter la coupe que je porte à mes lèvres.

LVII.

Blanche ! Blanche !

Que Satan m'étrangle si je te connais, il me serait vraiment impossible d'affirmer aujourd'hui si tu es belle ou laide, sotte ou spirituelle!

Mais ce que je sais, c'est que je t'ai vue plus belle qu'aucune femme que j'aie jamais rencontrée depuis, c'est que ta voix résonnait à mon cœur, et que depuis les plus harmonieuses n'ont enchanté que mes oreilles.

Qu'importe que cette beauté et cette harmonie aient été sur ton visage et dans ta voix! — ou que cette beauté n'ait existé que dans les fibres de mon cerveau et dans la rétine de mes yeux, ou que cette harmonie n'ait résonné que dans mon cœur, et que je l'aie attribuée à ta voix parce que tu étais là, comme je l'aurais attribuée au chant d'une fauvette si je n'avais vu qu'une fauvette.

Blanche! Blanche!

Quand un berger crie au loup, ce n'est pas le loup qu'il veut avoir; ce qu'il pleure, ce qu'il demande par ses cris, c'est l'agneau que le loup emporte.

Ce que je pleure, ce que je demande par mes cris, ce n'est pas toi, femme probablement semblable à toutes les autres, ni plus ni moins belle que celles qui parlent en ce moment dans la rue.

Ce que je pleure, ce que je demande par mes cris, c'est cette aptitude au bonheur,— cette vivacité de sensations, cette véhémence dans la peine et la joie, cet amour que je n'ai pu trouver à placer ailleurs.

Qu'importe que tu n'aies rien été, qu'une de ces vierges de plâtre grossièrement moulées, que la dévotion des fidèles pare de pierreries étincelantes et de bagues d'or, et de riches dentelles.

Qu'importe que tu n'aies été belle que de mon amour, cet amour est resté avec toi, tu l'as gardé, et c'était la meilleure partie de moi-même.

Oh! une heure d'amour comme je le sentais alors, une heure de ce bonheur qui me fondait le cœur comme la cire à un foyer ardent, ou, si c'est trop, une heure de ces angoisses de la jalousie ou de la séparation qui me déchiraient l'ame et dont la souffrance me paraît aujourd'hui pleine d'une amère volupté, car sentir déchirer son ame c'est sentir encore qu'on a une ame!

Mais mes premières années ont déshérité les dernières, j'ai dévoré en quelques mois toute la part du bonheur qui m'était réservée, aujourd'hui je presse en vain la vie pour en faire sortir un parfum épuisé.

LVIII.

— Monsieur, dit le médecin, après la mort, tout nous est impénétrable mystère; quoi qu'il soit réservé à l'homme dans la tombe, joies ou douleurs, rien n'en sort.

— Alors, monsieur, parlons de la vie; je souffre, je ne puis ni reposer ni rester en place, mes vêtemens me gênent et me brûlent comme la tunique du centaure; j'ai sur le crâne un bonnet de plomb qui va toujours se serrant et s'appesantissant et qui rend obtuses toutes mes sensations; mon corps est tellement lâche et accablé qu'il me semble que je porte à moi seul tout le poids de l'atmosphère; en vain mon esprit s'indigne contre mon corps et veut l'aiguillonner, lui-même s'engourdit et tombe dans la même léthargie.

—Monsieur, évitez les pensées mélancoliques et les tristes souvenirs; cherchez les idées riantes et les distractions.

—Monsieur, autant dire à un mendiant dont l'estomac est débilité par l'abstinence et le jeûne, buvez d'excellent bouillon et du vin d'Espagne.

—Je vous ai fait essayer, monsieur, tout ce que la médecine physique nous offre de ressources; votre mal est surtout un mal moral; il faut que je m'adresse à votre imagination, et le conseil que je viens de vous donner est très-bon.

Conrad tomba dans une profonde rêverie. Le médecin attendit quelque temps, mais le baron restait la tête dans les deux mains et ne paraissait pas devoir bientôt sortir de cet état. Il salua et se retira sans bruit.

Il s'écoula une demi-heure. Athanase entra pour habiller son maître; mais le voyant ainsi préoccupé, il se tint debout à la porte.

— Monsieur, continua Conrad sans relever la tête ni ôter la main de dessus ses yeux, j'ai envie de faire mon testament.

Chaque jour, je me sens m'affaiblir, et l'ennui que me donne la vie suffirait pour la décrocher de mon corps peu à peu. Vous pouvez sans ménagement me dire ce que vous en pensez; c'est avec une indicible joie que je songe au moment où j'abandonnerai ce corps qui depuis quelques années est dévenu pour moi un si lourd et si incommode fardeau.

Répondez-moi donc, monsieur, pensez-vous que je puisse supporter le voyage pour retourner en Allemagne et à Ober-Wesel?

— Monsieur, dit Athanase, vous exagérez votre mal, cependant...

Le baron releva la tête.

— Où est le médecin?

— Parti depuis une demi-heure.

— Ah! — et que fais-tu là?

— J'attends qu'il plaise à son excellence de recevoir mes services pour s'habiller.

— Eh bien! puisque tu as entendu ce que je croyais demander au médecin, tu vas me répondre en sa place, tu tomberas peut-être aussi bien que lui.

— Mon avis, dit Athanase, est que votre excellence se croit plus malade qu'elle n'est réellement; cependant, à vous parler franchement, je ne crois pas que votre excellence soit destinée à vivre jusqu'à deux cents ans, comme il est arrivé à mon bisaïeul, et d'ailleurs on n'a jamais à se repentir d'une précaution de prudence.

—Tu as raison, je vais faire mon testament. Laisse-moi.

LIX.

Moi, Conrad Krumpholtz, mourant riche et honoré, je déclare la vie une mystification, non pas du sort, comme on l'a prétendu souvent, mais bien de l'homme contre lui-même — en cela qu'il s'impose une vie, un bonheur, des devoirs, des vertus, plus grands que lui, ou tout-à-fait en dehors de sa nature.

La première moitié de la vie se passe à désirer la seconde — la seconde à regretter la première.

Je promets de mourir en riant de mes folles crédulités pour qu'il reste sur mes lèvres un sourire ironique dont l'expression instruise ceux qui verront mon masque moulé en plâtre dont je veux qu'on prenne l'empreinte aussitôt que je serai mort — si toutefois la vie ou la mort d'un homme peuvent instruire les autres.

Je donne à Blanche Strœnitz, native d'Ober-Wesel, si elle existe encore, tout ce que je possède, à quelque titre que ce soit, à la charge par elle de payer les quelques legs qui suivent.

A Athanase, mon domestique 4000 florins.

A Pierre Lorrin, artiste musicien, l'homme

aux lunettes bleues, pour m'avoir causé involontairement quinze jours d'impatiences, d'agitations et par conséquent de vie réelle, 10,000 florins.

A toutes les femmes ou filles d'Ober-Wesel portant le nom de Blanche, 500 florins et un bouquet de bluets.

Sur ma tombe on entretiendra des bluets, de l'aubépine et des marguerites blanches.

500 florins et un cheval au major Peters-Keller, dont le coup d'épée, il y a trois ans, m'a causé de telles douleurs qu'après qu'elles ont été passées, la vie, pendant près d'une journée, m'a semblé une chose délicieuse.

Et certes, je ne fais pas ces legs pour qu'on me bénisse après ma mort; je me soucie peu de ce qui arrivera quand *je ne serai plus*; c'est un plaisir présent que je me donne en voyant d'avance en imagination le plaisir qu'éprouveront les légataires.

On chantera à la messe de *requiem* que l'on dira pour moi, l'air :

Au Rhin, au Rhin, c'est là que sont nos vignes ;
Qu'il soit béni le Rhin , qu'il soit béni le Rhin.
Le pampre. . . . . . .

10,000 florins à la personne qui chantera la fin de l'air.

Ceci est mon testament, à moi baron Conrad Krumpholtz.

LX.

Comme le soir Krumpholtz relisait au lit ce qu'il avait écrit le matin. — Qui sait, dit-il, il n'est pas impossible qu'à cette messe de *requiem* quelqu'un se trouve dans l'église qui achève un air que j'ai tant cherché, — et il s'endormit en fredonnant l'air :

. . . .
. . . .
Le pampre. . . . .

. . . .
Le pampre. . . . .

. . . .
Le pampre. . . . .

Un voix le réveilla, c'était dans la cour que cette voix se faisait entendre, et cette voix chantait :

Au Rhin, au Rhin. . . . .

Il crut dormir, il secoua la tête, se toucha, se pinça; il ne se trompait pas, cette voix que les fenêtres et les volets fermés rendaient difficile à saisir, chantait bien son air.

Assis sur son lit... les deux mains jointes, les yeux fixes, il écoutait — mais supposez, si vous le pouvez, ce qui se passa en lui quand il entendit que la voix continuait l'air...

La voix s'arrêta.

Conrad écoutait encore, mais le plus profond silence régnait dans la cour. Et partout le baron sonna de ses deux sonnettes à la fois.

Athanase entra.

— Qui chantait tout à l'heure dans la cour? dit le baron.

— Une chanteuse que j'ai renvoyée, comme me l'a ordonné monsieur le baron, à l'égard de tous les chanteurs ou musiciens qui se pourraient présenter.

— Cours après elle, et amène-la-moi.

Athanase fut quelques instans absent, pendant lesquels Conrad ne respirait pas.

Puis il revint dire qu'elle était disparue.

A dire le vrai, Athanase ne s'était pas donné la peine de la chercher et n'était pas même sorti de la maison.

Krumpholtz ne put dormir de toute la nuit; cet incident bizarre, cette mesure qui venait d'être ajoutée à l'air, réveillait ses souvenirs avec plus de force et de puissance que jamais; son sang était allumé dans sa tête; il passa la nuit à marcher dans sa chambre, à regarder les étoiles au ciel, à répéter les mesures qu'il avait entendues.

Le pampre là s'étend en longues. . . .

— Nous retournons à Ober-Wesel, dit Athanase à sa maîtresse, nous suivras-tu?

— Jusqu'au bout du monde.

Le lendemain on trouva Conrad étendu sur le tapis de la chambre; les médecins décidèrent qu'il serait dangereux de le transporter en cet état; mais Conrad ordonna formellement à Athanase de demander des chevaux, et ils se mirent en route.

LXI.

Dans le voyage, Conrad se persuada qu'il ne devait cette mesure de plus à son air qu'à un songe et à un souvenir qui s'était développé pendant son sommeil. Mais après quelques jours il ne se trouva pas plus avancé qu'auparavant ; il s'arrêtait au *si* comme si long-temps il s'était arrêté au *fa*, sans pouvoir aller plus loin.

Comme on passait près d'un cimetière, Conrad interrompit la lecture d'une gazette qu'il tenait à la main, et, montrant les saules et les cyprès qui ombrageaient quelques tombes :

—Voilà, dit-il, les seuls arbres de la liberté?

—Monsieur, dit Athanase, ne mêlons pas les choses du cimetière aux choses de la vie, cela porte malheur.

—Mon pauvre Athanase! dit le baron, ton regard, malgré toi, achève ta pensée; mais je n'en mourrai pour cela ni plus tôt ni plus tard.

—Ce n'est pas là ce que je voulais dire, reprit Athanase qui craignait d'avoir produit sur l'esprit de son maître une fâcheuse impression, c'est que ce cimetière et les paroles de votre excellence m'ont rappelé une histoire qui courut la résidence quelque temps avant celui où j'eus l'honneur d'entrer à votre service.

« Il y avait un seigneur à la résidence, qui faisait la cour à une jeune demoiselle de la ville ; on disait qu'il voulait l'épouser, les benêts et les parens croyaient cela, et peut-être aussi la fille ; mais elle n'était ni assez riche ni d'assez bonne maison pour lui.

Quoi qu'il en fût de ses intentions, il était fort assidu dans la maison, et les voisins en murmuraient ; car, ainsi que je vous l'ai dit, excepté les benêts et les parens, on ne croyait guère dans la ville que l'affaire se dût terminer par un mariage.

Un soir, le seigneur arriva préoccupé plus que de coutume, parlant peu, et surtout parlant très-peu d'amour. La demoiselle s'en étonna, lui demanda la cause de son silence désobligeant, et, pour l'égayer, lui voulut prendre une rose avec laquelle il était entré, et qu'apparemment il n'avait pas songé à lui offrir ; mais lui se défendit fort de la laisser prendre, et cela avec tant d'opiniâtreté, que sa maîtresse s'en alarma, crut qu'il la tenait d'une autre femme, et lui dit que s'il refusait encore de lui donner cette rose, qu'elle mourait d'envie de posséder, elle ne le reverrait de sa vie. — Eh bien! dit-il, j'aimerais mieux ne vous revoir jamais que de vous la donner, quoique je vous aime un million de fois plus que tout le monde; et si je vous disais la cause qui m'en empêche, vous verriez que loin de rien faire qui puisse vous alarmer, je tiens au contraire, plus que jamais, en ce moment, la conduite d'un amant tendre et fidèle. »

Certes, si le baron ne se fût endormi dès le commencement de l'histoire, il eût arrêté Athanase pour lui demander qui lui avait pu apprendre ainsi les propres expressions des deux amans, et par quel prodigieux effort il pouvait retenir ainsi tous les mots de leur conversation.

Il est fâcheux que le baron, n'ayant pas fait de question, Athanase n'ait pas eu lieu de répondre; car sa réponse, sans aucun doute, eût jeté un grand jour sur les ressources que possèdent, à cet usage, la plupart des narrateurs.

« Après une foule de choses aussi rassurantes et aussi persuasives, ajoute Athanase, la demoiselle ne fut que plus inquiète et plus désireuse de connaître le mot de l'affaire, et elle assura derechef son amant que, s'il ne lui donnait pas cette rose, elle était résolue à ne jamais le revoir, en dût-elle mourir de chagrin. Le pauvre amant, qui, malgré qu'il n'eût peut-être pas envie de l'épouser, ne laissait pas que d'en être très-amoureux, lui assura que, si elle avait la cruauté d'ordonner une telle séparation, ce serait, à coup sûr, lui qui mourrait le premier, et qu'il lui resterait à elle le regret d'avoir conduit au tombeau le plus sincère amant qui jamais se fût rencontré. »

Rien ne put la toucher, monsieur, poursuivit Athanase; alors le seigneur, la prenant à part, lui dit :

« En venant ici, passant par le cimetière, je remarquai une tombe couverte de roses blanches — sans trop songer à ce que je faisais, j'en cueillis une et la gardai à la main sans y penser; jusqu'au moment où, vos regards s'arrêtant pour la première fois sur cette fleur, je compris combien j'avais été extravagant d'apporter ici, où est tout mon bonheur, une fleur cueillie dans le cimetière, une fleur dont les racines ne se sont nourries que d'un corps mort, et qui ne doit ses couleurs qu'à la décomposition d'un cadavre. Tout le temps de la soirée cette idée me préoccupa, il me semblait voir cette fleur dans vos cheveux, et aussitôt je croyais voir tomber vos fraîches couleurs, l'orbite de vos yeux se creusait, et je ne voyais plus sur vos blanches épaules qu'une tête de squelette couronnée de roses.

Vous comprenez maintenant pourquoi je refuse de vous donner cette rose?

La demoiselle assura qu'il ne lui en arriverait aucun malheur — que, depuis l'origine du monde, il était mort tant de gens que le sol de la terre devait être maintenant tout entier composé de poussière humaine — et qu'une rose, n'importe où il plairait de la cueillir, ne pourrait jeter ses racines dans un si petit espace qu'il n'y eût eu là un corps rendu aux élémens.

La discussion recommença, tous deux s'obstinèrent ; enfin elle sortit du salon en lui disant que, si le lendemain matin il ne lui apportait pas la rose, en lui donnant sa parole d'honneur que c'était bien la même, il n'avait qu'à prendre son parti et ne plus se représenter chez elle. L'amant s'en alla fort triste, et ne pouvant prendre sur lui de renoncer si tôt à ses amours, il apporta la rose le lendemain, en faisant d'horribles sermens que c'était la même rose qu'il avait gardée la veille toute la soirée.

La jeune demoiselle, triomphante, en para sa chevelure tout le jour, quoiqu'elle fût un peu fanée, et redoubla de tendresse pour son amant. L'aventure se répandit, et tout le monde disait qu'elle avait eu tort, et qu'il en arriverait malheur; mais elle ne faisait qu'en rire.

Mais peu de temps après, les belles couleurs disparurent, sa santé d'ordinaire égale éprouva de fréquentes altérations, elle sembla maigrir et se décharner ; personne n'osait plus lui parler de la rose du cimetière, mais tout le monde y pensait. Mais ce qui porta l'effroi au plus haut degré, c'est qu'un jour il lui prit une si forte envie d'avoir une autre rose du cimetière, qu'elle menaça, si on ne lui en allait point chercher une immédiatement, d'y aller elle-même, quoiqu'il fût déjà nuit close ; et l'on fut obligé d'obéir à cet affreux caprice.

Chaque jour elle continua à maigrir; mais, comme pour réaliser l'horrible vision de son amant, sa tête seule maigrissait, tandis que son corps conservait son embonpoint ordinaire.

Enfin, ses parens furent forcés, pour sa santé, de l'emmener prendre les eaux fort loin de la résidence où, dit-on, elle mourut dans d'horribles souffrances, la tête tellement décharnée que c'était tout-à-fait, à s'y méprendre, la tête d'un squelette. »

— Ce qui prouve, dit Athanase en finissant son récit, qu'il ne faut pas mêler les choses de la mort aux choses de la vie.

LXII.

Ce qu'eût dit le Baron s'il n'eût été occupé à dormir.

Comme nous l'avons dit, le baron dormait, — sans cela, il eût quelque peu altéré le texte d'Athanase et proposé cette variante :

« La demoiselle assura qu'il ne lui en

arriverait aucun malheur; — que, depuis l'origine du monde, il était mort tant de gens que le sol devait être maintenant tout entier composé de poussière humaine, et qu'une rose, n'importe où il plairait de la cueillir, ne pourrait jeter ses racines dans un si petit espace qu'il n'y eût eu là un corps rendu aux élémens.

Comme l'avait dit Athanase, Krumpholtz avait rapporté la rose le lendemain, mais il l'avait gardée toute la soirée, et son but était atteint; toute la fantastique histoire du cimetière, il l'avait créée *ex-abrupto* pour garder sa rose toute la soirée, ainsi qu'il en avait fait la promesse à une autre femme qui la lui avait donnée, et qui avait mis ce prix à quelque chose que probablement Conrad était fort désireux d'obtenir.

Quelque temps après, Krumpholtz avait cessé de venir chez sa maîtresse, et des marques qui allaient devenir visibles de *la faiblesse de leur fille*, comme on dit, avaient obligé les parens à quitter avec elle la résidence et à répandre, après qu'ils l'eurent laissée chez des parens qui demeuraient fort loin de là, la fable que racontait Athanase, fable qui trouva d'autant plus de crédulité que la première partie de l'histoire avait, sans qu'on sût comment, transpiré dans le public et occupé quelque temps un certain nombre de cerveaux creux et inoccupés.

LIII.

De retour à Ober-Wesel, Conrad sentit qu'il n'avait pas long-temps à vivre, et en même temps qu'il mourrait sans souffrances, non pas ainsi qu'il a été dit si souvent, comme on s'endort, mais au contraire comme on s'éveille d'un songe pénible.

Il se félicita de voir qu'il finirait de bonne grâce, sans se cramponner à la vie — comme les arbres qui en vieillissant enfoncent plus profondément leurs racines dans le sol. — Il se fit porter dans tous les lieux qui avaient conservé pour lui quelques souvenirs, puis il se fit coucher dans une chambre richement tendue de soie, où de son lit la vue s'étendait sur le Rhin; il fit remplir cette chambre de rosiers en fleurs, fit semer sur le tapis et sur son lit des roses effeuillées.

Un jour, il se sentit tellement affaibli qu'il comptait qu'il ne verrait plus lever le soleil; il défendit de laisser entrer les médecins ni personne, fit effeuiller dans sa chambre des roses fraîches, et, quand le soleil disparut derrière des nuages que son reflet empourprait, il fit ouvrir les fenêtres et un rayon encore vint colorer de rose sa face pâle et son oreiller, — puis il sentit qu'il faisait froid, il fit signe de fermer la fenêtre et de faire du feu, car, dit-il en souriant et d'une voix faible, j'ai décidé que je mourrais sans souffrir.

Le soleil avait disparu, et ne laissait plus à l'occident qu'une teinte jaune qui pâlissait à chaque instant. Il entendit Athanase qui sanglotait aux pieds de son lit.

Il lui fit signe d'approcher. — Athanase, lui dit-il, c'est une souffrance de voir et d'entendre pleurer, si tu m'as jamais aimé, garde comme moi un visage calme; avec tes yeux gonflés tu fais une horrible disparate dans cette chambre que j'ai fait faire si riante; ta figure fait mal sur les feuilles de roses, va prendre une bouteille de kirschenwasser, et bois pour moi le coup de l'étrier — car je vais faire un voyage dans lequel tu ne m'acompagneras pas; allons, prend le kirschenwasser.

Athanase obéit, Krumpholtz voulait verser lui-même, mais il n'en eut pas la force.

— Allons, dit-il, les chevaux sont à la voiture, et le postillon fait claquer son fouet, dis-moi bon voyage.

Il reprit haleine, et dit : — Mon bon Athanase, je ne t'ai pas oublié dans mon testament, j'ai toujours été pour toi un bon maître, me refuseras-tu ce que je vais te demander ?

A ce moment, un domestique vint parler bas à Athanase qui dit à Conrad :

— Plusieurs de vos parens et de vos amis demandent en pleurant à entrer.

— C'est la plus mauvaise recommandation, dit péniblement Conrad, ils entreront dans une demi-heure.

— Votre excellence demandait quelque chose à son serviteur.

— Oh ! Athanase, excellence toi-même, si tu veux. C'est dans la nuit où j'entre que tous les chats sont du même gris. Ce que j'ai à te demander, ce que tu ne peux me refuser sous peine d'ingratitude, c'est de prendre pour quelques minutes un visage riant, et de me chanter une chanson.

— Que voulez-vous que je chante? dit Athanase.

— Ce que tu voudras, dit Krumpholtz en traînant ses paroles, entrecoupées d'un hoquet, pourvu que ce ne soit ni un *requiem* ni un *de profundis*, dont ta figure semble le prélude; dépêche-toi, car c'est en ce moment qu'il est important de m'obéir promptement.

Athanase, d'un ton dolent, commença à psalmodier en pleurant l'air:

Au Rhin! Au Rhin! . . . .

— Sais-tu donc cet air, dit le baron se levant sur un coude et retombant aussitôt.

— Oui, monsieur le baron.

— Alors, chante-le, au nom du ciel, chante-le, — et presse la mesure — pour cause.

Athanase essuya ses larmes, et recommença :

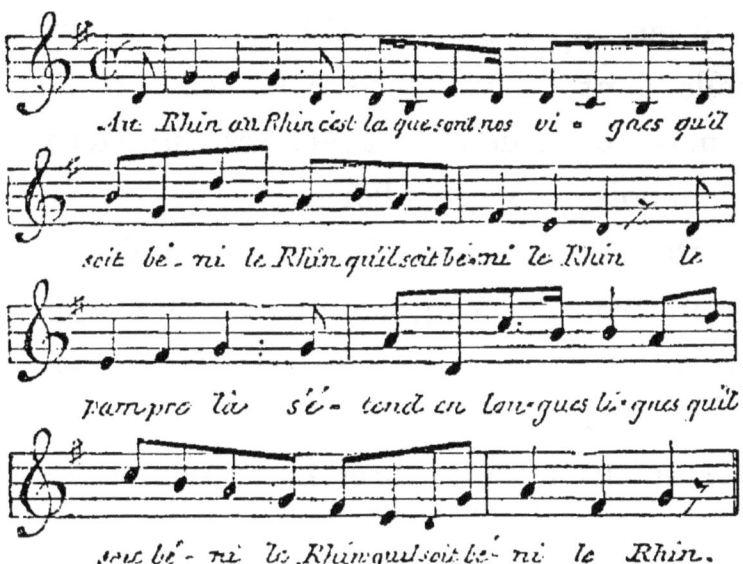

Mais Conrad Krumpholtz n'avait pas entendu l'air — il avait cessé d'exister lorsque Athanase avait passé le *fa dièze*.

Et heureusement pour lui ;

Car il eût appris que cette Blanche, le jet de ses rêves dorés, cette Blanche qu'il avait divinisée dans son esprit et dans son cœur, cette Blanche, qui avait eu le commencement de sa vie, et dont le souvenir en avait si fort tourmenté la fin;

Il eût appris que cette Blanche Strœnitz, celle dont il avait trouvé le bouquet de bluets, celle dont il avait payé un vieux mouchoir deux cents florins;

Etait cette même Blanche que dédaignait depuis si long-temps Athanase; que c'était elle dont la voix lui avait fait entendre à Paris une mesure de plus de son air, lorsqu'elle voulait attirer l'attention de son valet.

Que c'était elle qui avait appris cet air à Athanase, et que, enrichie par le testament du baron, elle vivrait avec Athanase dans cette retraite où Conrad avait cherché vainement à rappeler des souvenirs qui avaient fait le charme de sa jeunesse.

Il eût appris ce qu'il soupçonnait déjà — qu'au fond de nos peines et de nos joies, mêmes les plus intimes — il n'y a rien.

LXIV.

Voici ce qu'il arriva du testament de Conrad Krumpholtz.

On ne pensa pas à prendre l'empreinte de son visage.

Blanche Strœnitz et Athanase acceptèrent les différens legs qui les concernaient et se marièrent.

Pierre Lorrin, l'homme aux lunettes bleues, dépensa ses dix mille florins à faire représenter à ses frais un opéra ridicule qui fut joué trois fois.

Les femmes et les filles d'Ober-Wesel, assez heureuses pour se nommer *Blanche*, reçurent les cinq cents florins et jetèrent au vent le bouquet de bluets.

Le major Keller paria les cinq cents florins à une course qui eut lieu entre le cheval qui lui venait du legs de Conrad et celui d'un de ses amis ; il perdit par une chute qui lui brisa la tête sur une pierre.

Athanase eut soin de revendiquer les dix mille florins légués à celui qui finirait l'air :

Au Rhin! au Rhin!. . . . .

Au *requiem* qui fut chanté pour Conrad, une seule personne pleura ; ce fut la fille du savant, qui, moyennant la petite somme que lui avait valu son nom de Blanche, se compléta une dot et se maria.

Au lieu des fleurs que Conrad Krumpholtz avait demandé qu'on cultivât sur sa tombe, Blanche et Athanase crurent devoir mettre une énorme colonne où l'on grava l'éloge du mort et *les regrets de tous ceux qui l'avaient connu.*

On interpréta mal ce soin des deux héritiers : on prétendit qu'ils n'avaient chargé le corps de Krumpholtz de cette lourde colonne que dans la crainte que *la terre ne lui fût trop légère,* et qu'il ne sortît de son tombeau.

Pour nous, sans vouloir médire de Blanche et d'Athanase, nous nous permettrons seulement d'affirmer, en thèse générale,

Que :

Quelque grande que soit la douleur pieuse d'un héritier, elle n'égale pas celle qu'il ressentirait si l'homme dont il pleure la mort revenait à la vie.

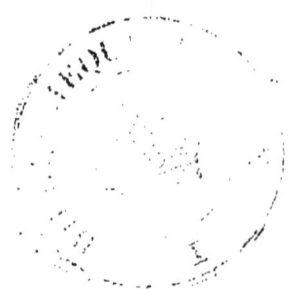

Epilogue.

Au moment où fleurissent les pêchers, où la nature commence à se faire belle pour recevoir les premières caresses du soleil, l'esprit est peu porté au travail ; on aime à se laisser aller au courant de l'eau entre les saules qui feuillissent, on aime à courir à cheval sur les chemins verts, dans les bois où la violette est en fleurs, où l'aubépine va bientôt fleurir.

Et nous peut-être plus qu'aucun autre.

Cependant, voici ce que nous avons voulu vous raconter en attendant un récit auquel nous attachons plus d'importance.

N. B. — Notre éditeur nous écrit de Paris *qu'il a pris sur lui* de corriger nos épreuves au lieu de nous les envoyer. Nous pensons que l'éditeur a eu tort.

ALPHONSE KARR.

Nous confessons naïvement nos torts.

S'il était possible d'alléguer une justification, nous dirions :

— Sachant que M. Alphonse Karr fait peu de corrections, nous avons pris sur nous de corriger *quelques feuilles*.

Il fallait que cet ouvrage fût en vente aujourd'hui, et nous avions peur que **M.** Alphonse Karr, au milieu des chemins verts et des bois en feuillaison, n'oubliât son éditeur.

Paris, 21 avril.

Ouvrages de M. Alphonse Karr,

A PARAITRE.

Le Chemin le plus court,

2 vol. in-8°.

Pour ne pas être Treize,

2 vol. in-8°.

SOUS PRESSE.

OEUVRES DE JEAN-PAUL,

TRADUITES DE L'ALLEMAND,

PAR PHILARÈTE CHASLES.

Titan, de Jean-Paul,

deux vol. in-8°,

Paraîtra le 15 Mai.

RUGIEN SPARMA,

PAR J.-A. DAVID,

Un gros vol. in-8°.

Imprimerie d'ÉVERAT, rue du Cadran, n. 16.

www.ingramcontent.com/pod-product-compliance
Lightning Source LLC
Chambersburg PA
CBHW060328170426
43202CB00014B/2705